François Loeb

MUSEUM OHNE GRENZEN

345 Museen in drei Ländern – von Bern bis Mainz, von Stuttgart bis Metz und Nancy – können mit dem Museums-PASS-Musées besucht werden. Darunter sind viele Häuser von internationalem Rang, aber auch zahlreiche kleine, feine Museen, die es wert sind, entdeckt zu werden: Kunstmuseen, Technikmuseen, Geschichtsmuseen, Dichterhäuser, historische Gebäude und Parks: zusammen bilden sie vermutlich das grösste Museum der Welt. Der Schriftsteller François Loeb hat viele von ihnen besucht und bringt den besonderen Zauber des jeweiligen Ortes in Form eines kurzen literarischen Textes zur Sprache. So werden nicht nur die Menschen im Dreiländereck durch die drei Bände von »Museum ohne Grenzen« angeregt, sich am Reichtum und der Vielfalt der oberrheinischen Kultur zu erfreuen.

François Loeb

MUSEUM OHNE GRENZEN

SCHÄTZE DER REGION ENTDECKEN

Band 2:
FRANCE / FRANKREICH

HERDER
FREIBURG · BASEL · WIEN

MIX
Papier aus verantwortungsvollen Quellen
FSC® C014496
FSC
www.fsc.org

Originalausgabe

www.herder.de

Karte: © Peter Palm, Berlin
Satz: SatzWeise, Bad Wünnenberg
Herstellung: GGP Media GmbH, Pößneck

Printed in Germany

ISBN 978-3-451-38854-5

Inhalt

Vorwort

Liebe Leserin, lieber Leser,

das Buch, das Sie vor sich in Händen halten, ist ein Zeugnis des unstillbaren Wissensdurstes seines Schöpfers François Loeb. Er hat sich ohne zu zögern in das Abenteuer gestürzt, die Museen zu beschreiben, die Teil des Museums-PASS-Musées sind – zum Zeitpunkt dieser Veröffentlichung an die 345 Stück, von denen über 160 ihn auf seine Anfrage hin eingeladen haben. Diejenigen Museen, die er in diesem Buch beschreibt, betrachtet er – ob es sich nun um das weltweit renommierte Kunstmuseum handelt oder das bescheidene Dorfmuseum – mit derselben unvoreingenommenen Art und Neugierde. Es ist ein Genuss, Stück für Stück, Abschnitt für Abschnitt die reiche kulturelle Landschaft der Region durch seine kaleidoskopische Sichtweise und die seiner phantasievollen Protagonisten zu entdecken.

Doch wer nun denkt, dies sei ein gewöhnlicher Reiseführer, der irrt: der Autor nimmt die Leserschaft mit auf seine Entdeckungsreise des »größten Museums der Welt« und verbindet dabei das sachliche Beschreiben der einzelnen Museen mit der Leichtigkeit und dem Witz der ihm eigenen verspielten Prosa. Geschickt wechselt er von einer Rolle zur nächsten, immer mit Bezug zum Haus, das er den Leserinnen und Lesern näherbringen möchte. Personen, Situationen, Zeiten – François Loeb wechselt gerne die Perspektive und beleuchtet damit auch Aspekte, die einem sonst vielleicht verborgen bleiben würden. Auch profane Objekte wie ein Holzfass und eine Sense bekommen eine Stimme und lassen uns am Leben als Museumsstück teilhaben.

Der Museums-PASS-Musées dankt Herrn Loeb sehr herzlich für die Zusammenarbeit und seine unerschütterliche Geduld, die so ein Projekt erfordert, und dem Verlag Herder, der dieses Projekt unterstützt hat. Ich möchte im Namen des Vereins auch allen unseren Mitgliedsmuseen danken, die vielerorts eine persönliche Begegnung mit Herrn Loeb ermöglicht haben. So entstand zur Feier des 20-jährigen Bestehens des Museums-PASS-Musées ein wunderbares und kurzweiliges Werk über die Museumslandschaft unserer vielfältigen Region.

Gilles Meyer
Geschäftsführer vom Museums-PASS-Musées

ARC-ET-SENANS

Saline Royale

- Adapté aux familles
- Grande rue, +33 3 81 54 45 45
- Accès en fauteuil roulant, Boutique, Parking, Restaurant, Accès train

© Michel PIERRE_Saline royale

Lassen Sie sich von den Königlichen Salinen überraschen. Mitten in der Landschaft steigt, als sei es eine Fata Morgana, ein Spiegelbild früherer Zeiten, ein ganzer Gebäudekomplex, in der Mitte eine riesige grüne Fläche aufweisend, aus dem Boden. Die Salines Royales! Durch König Louis der XV. geplant und vom berühmten Architekten Ledoux entworfen, ist ein wundervoll harmonischer Komplex entstanden, der in seiner Einheit und Größe überzeugt! Ledoux richtete die Gebäude nach Sonnenauf- und -untergang und ließ der Natur genügend Platz, damit diese Teil des harmonisch wirkenden Gesamtgefüges ist. Ledoux schrieb während eines langjährigen Gefängnisaufenthalts ein Standardwerk zur Architektur. Ins Gefängnis brachten ihn die Revolutionswirren der Französischen Revolution. Ihm wurde vorgeworfen, mit seinem Denken sich zu nahe bei der Aristokratie zu befinden. Doch studiert man seine Ideen der idealen Stadt, die er in seinen Arbeiten entwickelte – eine Stadt ohne Gefängnis, da es infolge des uneingeschränkten Glücks der Stadteinwohner dort keine Delinquenten mehr gäbe, und ohne Hospital, da sich dank der Anlage der Stadt durch das gute Leben der Bewohnerschaft keine Krankheiten mehr entwickeln könnten –, erkennt man in Ledoux den Idealisten, der von einer mehr oder weniger klassenlosen Gesellschaft ausging.

In den Salines Royales wurde auch Salz gewonnen, indem das Wasser der Grandes Salines, dem bereits ein Teil des Salzes entzogen worden war, hierher gepumpt wurde, um ihm das Restsalz zu entziehen. So können in der Anlage im Salzmuseum die Technik der Salzgewinnung nachverfolgt und auch die ehemaligen Verdunstungs-Räume besichtigt werden. Lange Zeit schliefen die Salines Royales einen Dornröschenschlaf. In den beiden Weltkriegen dienten die Baulichkeiten als Kriegsgefangenenlager beider Kriegsmächte. Zwar wurde bereits 1926 die Anlage unter Denkmalschutz gestellt, und 1930 sollte die Pferdedressurstätte von Besançon hierher verlegt werden, ein Plan, der aber wieder verworfen wurde. Erst als die Stiftung Ledoux sich der Anlage annahm, wurde diese Schritt für Schritt restauriert und ausgebaut sowie kulturellen Zwecken zugänglich gemacht. So wird zurzeit an einem Konzertgebäude für Masterclasses gearbeitet und es finden zahlreiche Kulturevents in den Salines Royales statt, deren Salzproduktion bereits 1815 eingestellt wurde.

Der Besuch ist ein Höhepunkt des Kennenlernens dieses Teils des französischen Juras!

WENN KÖNIGLICHE TRÄUME ZUM LEBEN ERWACHEN

Als ich ein kleiner Junge war, schwärmte ich für meine Amme. Sie erzählte mir immer vor dem Zubettgehen eine Geschichte. Spannende Momente waren das. Selbst für einen zukünftigen französischen König, der einst Ludwig XV. werden sollte. Ja, ich erinnere mich! Jetzt in meinem fortgeschrittenen Alter. Nach einer langen Regentschaft. Mit zehn Jahren wurde ich zum König gesalbt, mit 13 Jahren begann ich meine Herrschaft. Und es folgten so manche Jahre, in denen Hofintrigen oder königliche Allianzen mit ausländischen Häusern mich mehr belasteten, als mir lieb sein konnte. Doch die Geschichte meiner Amme, dass man einen Sperling fangen könne, wenn es gelingt, ihm Salz auf seine Schwanzfedern zu streuen, lebte in mir weiter. Immer wieder stellte ich mir als Kind das Bild vor, wie ich mit dem Salzstreuer einem munteren Sperling hinterher jage, wie ich ihn fange und in ihm einen echten Kumpel finde, der nicht eine hochgestellte Persönlichkeit in mir sähe. Nun, trotz der zahllosen Sperlinge in den Gärten und Parks der königlichen Paläste gelang mir das nie. Ja, bis ich dann gesalbt war und erkannte, dass die Geschichte eine Allegorie war. Eine Allegorie für Träume, die des Nachts wie Sperlinge in unseren Köpfen wild durcheinanderfliegen, Sperlinge, die nur festzuhalten sind, wenn es gelingt, ihnen Salz auf die bunten Schwänze zu streuen. So jagte ich meinen Träumen nach. Wollte diese dank meiner königlichen Macht zum Leben erwecken. Ach, dachte ich, könnten doch nur meine Träume zum Leben erwachen. Realitäten werden. Ein Paradies könnte das sein! Der wahre Himmel. Die Frau meiner Träume wäre dann mein. Glücklich könnte ich sein. Ohne Liebesschmerz. Einzig Wonne würde mich begleiten. Meine Träume sich erfüllen. Die ideale Gesellschaft gäbe es. Menschlich friedliches Zusammenleben. Auf der ganzen Welt. In jeder Stadt. Jedem Ort. Friedlich ohne Strukturen. Ohne jede Hierarchie. Einer für Alle. Alle für Einen. Doch was erlebe ich? Egoismus. Machtstreben. Jeder sich der Nächste. Aber ich wagte zu träumen. Von einer besseren Welt. Eines Tages werden wir es erreichen. Bestimmt.

Und so beauftragte ich meinen Baumeister, den Architekten Ledoux, die ideale Stadt zu bauen. Natürlich dort, wo Salzvorkommen zu finden sind. Auf dass die Traumstadt festzuhalten ist. Ihr genügend Salz auf die bunten Federn der Kultur zu streuen sind. Damit diese Stadt mitsamt der einem meiner Träume entsprungenen vollkommenen Gesellschaft ausstrahlt auf das ganze Land.

Freue mich über die entstandene Realität auf diesem kleinen Flecken Erde. Doch meine Berater erklären mir, dass Salz Gold wert, die Staatskassen leer und kein noch so kleiner Anteil des Schatzes zu verstreuen sei.

Und jetzt vor meiner langen letzten Reise, die in Riesenschritten naht, begebe ich mich zur Ruhe. Werde meinen Traum von der idealen Gesellschaft, die in meinem Reich lebt, träumen, zumindest im Schlaf.

Am frühen Morgen fanden die Lakaien, die das Levée du Roi vorbereiteten, den Herrscher Ludwig XV. leblos in seinem Bette liegend. Auf dem Nachtgewand, in Höhe seines nicht mehr schlagenden Herzen lagen glitzernde Salzkörner. Zum offenen Fenster flogen zwei flatternde Sperlinge, die mit ihren

Schwanzfedern den Traum in die Welt tragen, auf dass dieser eines Tages in ferner Zukunft sich erfüllen möge:

Glück für Alle. Alle für Einen. Einer für Alle.

Kein Verbot der Welt kann uns daran hindern, davon zu träumen …

BACCARAT

Le Pôle Bijou Galerie

- Adapté aux familles
- 13 rue du Port, +33 3 83 76 06 99
- Accès en fauteuil roulant, Boutique, Parking, Accès train

Was für ein Zauberwort: Baccarat! Lässt Schmuck erahnen. Reichtum. Schönheit, wobei das Kartenspiel in Casinos mit dem Namen Baccarat nichts mit diesem schmucken Dorf zu tun hat. Baccarat in den Vogesen war einst eine Stadt, die von der Flößerei lebte – so liegt denn auch dieses kleine Museum an der Rue du Port, an der Hafenstraße des Hafens, der heute nicht mehr existiert. Ausgestellt sind Schmuckkreationen, die Damenherzen und solche von Herren, die Geschenke überbringen wollen, um Angebetete zu erfreuen, höher schlagen lassen! Geplant ist zudem ein Musée du Parfum, das bestens zu den Kreationen passen wird. Dem

Museum beigefügt ist das Tourismusbüro der Gegend, bei dem auch Fahrräder zu mieten sind, um die Region zu erkunden. Nicht ausgelassen werden sollte ein Besuch in der dem Museum gegenüberliegenden, auf der anderen Flussseite gelegenen Kirche mit ihrem besonderen Kirchturm und den eindrucksvollen modernen Kirchenfenstern.

DER BACCARTIERER

Oh, dieses Schmuckstück! Was würde das meiner Liebsten gefallen. Sie ist sich noch nicht ganz sicher, mich auszuwählen. Mit mir ein Leben zu teilen. Das ganze Leben. Zögert noch. Schreibt heimlich – ich habe sie dabei beobachtet, auch die Zettel gefunden – Vor- und Nachteile einer festen Bindung mit mir auf! Wie wenn es da Nachteile gäbe! Dass ich nicht lache. Nun, ich gebe zu, dass ich ein Morgenmuffel bin. Ein ungewaschener. Echter! Aber dagegen kämpfe ich an. 50 Kniebeugen. 10 Tibeter. Drei Espressos, bevor ein Wort meinen Mund verlässt. Und dann bin ich, ein wahres Wunder, bester Laune! Also diesen Nachteil durch harte Arbeit zum Vorteil gekehrt. Ja, und die Wohnung, die Küche kehre ich auch freiwillig. Niemand muss mir das befehlen. Kehraus der Superklasse! Und trotzdem steht auf dem Zettel, den ich gestern im Abfall fand, dreimal unterstrichen: MORGENMUFFEL. Dahinter ein dickes, nicht etwa ein dünnes, Ausrufezeichen! Na ja, wenn ich dieses Schmuckstück erwerben könnte, wären alle Bedenken weggekehrt. Doch wie das sündhaft teure Stück erwerben? So viel Flüssiges besitze ich nicht. Und trotz allem muss ich dieses Stück meiner Liebsten zu Füßen legen. Nein, besser an den Finger stecken! Überstunden leisten? Zweitjob annehmen? Dann habe ich keine Zeit mehr für sie. Kommt nicht in

Frage. Das würde mir vorgeworfen werden! Anderen Weg finden! Wie kommt man ans große, nein, ans mittlere Geld, ohne viel Zeit aufzuwenden. Lotto spielen? Systemlotto? Aber dazu fehlt der lange Atem. 1 zu vielen Millionen stehen die Chancen. So alt kann ich gar nicht werden. Wäre dann verblüht. Ließe den Kopf hängen. Da! Ein Geistesblitz! BACCARAT! Habe so oft von dem Spiel gehört. Dem Glücksspiel, bei dem rasch und schnell Geld zu erobern ist. Und damit auch meine Liebste! Gebe im Betrieb vor, am späten Nachmittag einen dringenden Behördengang unternehmen zu müssen. Mache mich zu Fuß ins Spielkasino auf. Geld für den Bus auszugeben wäre reine Verschwendung! Trete nach 40 Minuten Fußmarsch ein. Gebe meine ID am Eingang ab. Werde nach Prüfung auf Spielsucht – ist lächerlich, habe zuvor noch nie einen Spielbetrieb von innen gesehen – eingelassen. Erkundige mich nach dem Baccarat-Tisch. Werde eingewiesen. Kaufe zuvor Jetons. Bescheiden wie ich bin, diesen Vorteil streicht meine Liebste immer heraus, nur wenige Stück. Kämpfe mich durch alle Angst-, Freude- und Erwartungsausdünstungen sowie Parfümgerüche, die sich hier die Nase reichen. Erreiche den Tisch! Und, nein, ich kann es kaum glauben, meine Liebste gibt die Karten aus, flüstert mir mit strengem Blick zu: »Also mit einem Spieler, das wäre das Letzte!«

BELFORT

Citadelle – Le Grand Souterrain

- Adapté aux familles
- La Citadelle de Belfort, +33 3 84 54 25 51
- Boutique, Parking, Restaurant, Accès train, Accès bus

Lion de Bartholdi

- Adapté aux familles
- Allée du Souvenir Français, Citadelle de Belfort, +33 3 84 54 27 73
- Boutique, Parking, Accès train, Accès bus

Musée d'Histoire de Belfort

- Adapté aux familles
- La Citadelle de Belfort, +33 3 84 54 25 51
- Boutique, Parking, Restaurant, Accès train, Accès bus

Hoch über der Altstadt von Belfort liegt die Zitadelle, die Bewohner schützend. Ihnen Geborgenheit vermittelnd. Ein beeindruckender Anblick, der in Erinnerung bleibt!

Bereits die Kelten haben den Ort der Zitadelle bewohnt. Ausgrabungsschätze aus dieser Zeit sind im Historischen Museum auf der Burg zu entdecken. Die erste Erwähnung der Burg datiert von 1226, errichtet ist diese wohl bereits im 12. Jahrhundert. Die außergewöhnliche, taktisch wichtige Lage, am Weg von West nach Ost, führte zahllose Konflikte und kriegerische Ereignisse vor die gemauerten Tore der Zitadelle. Im Mittelalter diente die Zitadelle auch als Fluchtort für die städtische Bevölkerung. Ruhm erlangte die Burg

Foto: Philippe Martin / Musées de Belfort

im deutsch-französischen Krieg von 1870–1871, als sie von den deutschen Truppen erst nach langer Belagerung eingenommen werden konnte.

Nach dem spannenden Aufstieg über Treppen, Wege, Tore mit Ziehbrücken auf der Höhe der Zitadelle angekommen, öffnet das Historische Museum seine Tore. In ihm sind neben viel militärhistorischen Gegenständen aus Frankreich und Deutschland Werke des Künstlers Frédéric-Auguste Bartholdi (1834–1904) ausgestellt, der den gut zehn Meter hohen Löwen aus Stein an der Burgmauer schuf, der auf die Stadt herabblickt, sie beschützt. Wer weiß schon, dass Bartholdi neben zahllosen Kunstwerken auch die weltbekannte Freiheitsstatue von Staten Island schuf, Symbol der Freiheit und Unabhängigkeit? Im Museum sind zudem zahlreiche Schätze aus der Merowinger Zeit (8.–10. Jahrhundert) zu bestaunen. Den Abschluss bildet ein Besteigen der Befestigungsmauer, um die fantastische Aussicht zu genießen.

IN DEN KLAUEN DES ELENDS

krieg
elend
hunger
schrecken
angst
hass
angriff
verteidigung
geniale heerführer
bis zum tag
an dem sie verlieren
fallen

die genialität beerdigen
samt ihrem selbst
ohne das elend
dabei zu begraben
das sie hinterlassen
bis zum tag
an dem sie siegen
sich feiern lassen
als genial
was zur nächsten
schlacht dann führt
und das elend
erneut obsiegen lässt

BESANÇON

Citadelle de Besançon

- Adapté aux familles
- 99 rue des Fusillés de la Résistance, +33 3 81 87 83 33
- Boutique, Parking, Restaurant, Accès bus

Foto: Christophe Roy

In der Festung Besançon, erbaut von Marquis de Vauban, dem Architekten des Sonnenkönigs Ludwig des XIV., heute UNESCO Weltkulturerbe, befinden sich mehrere sehenswerte Museen. Alleine die Festung mit ihren Mauern und die herrlichen Aussichten auf das Umland sind eine Reise wert, ganz zu schweigen vom Zoologischen Garten, der sich in den Mauern der Anlage befindet. Die Museen sind sehr lehrreich und umfassen das Musée Comtois, das die Landschaft, die Menschen und deren Gebräuche in der Franche-Comté zeigt (besonders sehenswert die traditionellen Figuren des Marionettentheaters) und das Museum des Widerstands und der Deportation, das die Résistance gegen die deutsche Besetzung und die Gräuel der Deportation in jener Zeit dokumentiert. Es wird zurzeit renoviert und soll Ende 2022 wiedereröffnet werden. Das Naturkundemuseum, das ein Insektarium, ein Aquarium, ein Naturalium und das Noctarium (mit nachtaktiven Tieren) sowie den Zoo umfasst, lässt uns einen Blick in unsere Umwelt von nah und fern werfen und ist bei Kindern besonders beliebt.

NOCTARIUM VAUBAN FESTUNG BESANÇON

22.2.2683 n. a. Zeitrechnung

Blauer Himmel! Sonnenstrahlen, wie wundervoll! Fühle all die Kraft, die in mich hineinfließt! So wundervoll! Heute Besuch eines ehemaligen Weltkulturerbes der früheren Zivilisation. Will unbedingt die Museen besuchen, die dort noch gepflegt und erhalten sind! Wie gut, dass unser Superhirn uns das ermöglicht. Es soll auch eine Ausstellung geben, die sich Noctarium nennt und in der nachtaktive Lebewesen aus früheren Zeiten zu sehen sind. Ratten und allerlei niedrige Arten, aber auch eine Ansammlung von Exemplaren, von denen die Sage spricht, dass sie einst unsere Spezies erschaffen haben soll. Na ja, wer das glaubt ist selber schuld! Empfohlen hat man mir, alle Hörsensoren abzustellen, denn es soll in dem Raum, der sich »Disco« nennt und der gemäß einer Originalbauweise aus dem 21. Jahrhundert nach alter Zeitrechnung gestaltet sein soll, ohrenbetäubend, nach neuer Schreibweise sensorenbetäubend laut zugehen. Dieser Raum zeugt von der Geschichte unserer sogenannten »Erschaffer«: In ihm sollen sie sich warmgetanzt haben, um alsdann den Prozess der Multiplikation in Gang zu setzen. Weshalb das mit so viel Klamauk vor sich gehen sollte, versuchen unsere Wissenschaftler so zu erklären, dass durch die schrillen Töne die Multiplikationssynapsen im Hirn dieser Urwesen stimuliert worden seien, was erst die Fortpflanzung ermöglicht habe. Ziemlich primitive Vorgänge waren das, die durch die Evolution der Robotik ausgemerzt wurden und in uns nicht mehr vorhanden sind. Also so laut habe ich mir das nicht vorstellen können, kein Wunder, dass die natürliche Reproduktion dieser Wesen nicht mehr problemlos über die Bühne gehen konnte. Nur Defekte konnten so entstehen. Für uns Roboter nicht nachvollziehbar ist, dass nicht auf solche grobe Art der Multiplikation verzichtet wurde, ja diese nie untersagt worden ist. Aber so genau wissen wir es nicht, haben doch unsere Wissenschaftler keine Fabrik zur Herstellung dieser Urspezies finden können. Gerüchteweise soll diese Produktion in der Nacht bei Dunkelheit geschehen sein, aber trotz aller Recherchen haben unsere Spezialisten das Rätsel noch nicht lösen können. Glücklicherweise, denke ich, denn erste Forschungsergebnisse deuten auf eigenartige Impulse hin. Unsere Forscher gehen von der Hypothese aus, dass es so etwas wie »Gefühle« waren, zum Teil auch als »Liebe« bezeichnet, die zu vollkommen irrationalen Handlungen von Entführungen bis zu Mord führten und die Urwesen, unsere »Schöpfer«, vollkommen durcheinandergebracht haben, was in deren Schaltkreisen Kurzschlüsse der übelsten Art ausgelöst hat. Andere Ergebnisse hingegen wollen davon wissen, dass eben diese »Liebe« zu »seligsten Schwebezustände« führte, doch wer wie wir Mord, Totschlag, Entführungen verbannt hat, kann ruhig auf solche, nicht einmal sicher bewiesene Zustände guten Gewissens (das wir ja nicht besitzen müssen) verzichten.

BESANÇON

Fonds régional d’art contemporain (Frac) de Franche-Comté

- Adapté aux familles
- 2 passage des Arts (Cité des Arts), +33 3 81 87 87 40
- Accès en fauteuil roulant, Boutique, Restaurant, Accès bus

© Kengo Kuma & Associates / Archidev
Foto: Blaise Adilon

Wer Kreativität sucht, ja den schöpferischen Ausdruck unserer heutigen Zeit, darf das Museum FRAC FRANCHE-COMTÉ CITÉ DES ARTS nicht auslassen. In ihm begegnen die Besucherinnen und Besucher der Vorstellungskraft der jungen Generation – wobei auch ältere Semester durchaus zu dieser gehören können; man bedenke, dass wir 2021 den hundertsten Geburtstag von Joseph Beuys begehen. In Wechselausstellungen werden die eigenen Assoziationssinne aufs Beste angeregt, sodass man den Ort mit neuen

Impulsen, die noch lange nachwirken, verlässt. So erging es mir bei der Videoinstallation »DIE SPRACHE DER FINGER«, die mir die Welt meiner und aller menschlichen Finger eröffnete!

SPRACHE DER FINGER

Ist tatsächlich unsere Sprache seit eh und je das Kommunikationsinstrument unserer Spezies? Nein, so bin ich heute überzeugt, es sind nicht die Laute, die Töne, obwohl diese die direkte Verständigung erlauben. Die Ursprache ist das Spiel der Finger. Die Bewegungen dieser filigranen Glieder. Der Einsatz der Fingerkuppen. Der Stellungen und Bewegungen der Finger im Gespräch! Das Antippen der Fingerkuppen im Stakkato! Wer sieht schon auf den Fingertanz? Er ist die Geheimsprache, die keine Lüge, keine Vertuschung erlaubt, die wahrhaftig wahr spricht, falls man die Mühe auf sich nimmt, diese zu interpretieren. Wie komme ich zu diesem Schluss? Stimmen, Töne, Sprache – das alles kann verschleiert werden. Aber haben Sie schon eine Spinne lügen sehen? Fake News verbreiten? Bestimmt nicht. So wenig gibt die Fingersprache Unwahrheiten von sich. Unsterblich verliebt? Mit dem Verstehen der Fingersprache erkannte ich die wahren Absichten meines Gegenübers. Die Aussagen meines Chefs. Die des Gebrauchtwagenhändlers! Des Arztes nach der Röntgenkontrolle. Des Immobilienhändlers, der mir ein Haus aufschwatzen will. Nun, es kostete mich Jahre, die Fingertänze zu entschlüsseln. Selbst Chiffrier-Spezialisten konnten keinen Weg zu dieser absoluten Wahrheit finden. Endlich, endlich, habe ich das Rätsel lösen können, die harte Nussschale knacken können. Nur darf ich das Lexikon der Fingersprache nicht weitergeben, denn wo käme die Welt hin, wenn alles wahr wäre? Ins Bodenlose würde diese fallen, denken wir nur an alle Ideologien. Selbst mein neues Lexikon würde dabei Flügel erhalten. Auffliegen!

BESANÇON

Musée des beaux-arts et d'archéologie

- Adapté aux familles
- 1 place de la Révolution, +33 3 81 87 80 67
- Accès en fauteuil roulant, Boutique, Accès train, Accès bus

© Foto: Louis Jacquot

1694 gegründet, befindet sich das Musée des beaux-arts et d'archéologie seit 1843 in einem früheren Getreidespeicher. Der Architekt Louis Miquel hat von 1967 bis 1970 den Innenumbau vorgenommen.

Das Kunst- und Archäologie-Museum in Besançon hat eine enorm breite Sammlung von Kunstwerken aller Jahrhunderte und eine beispielhafte archäologische Sammlung! Die außerordentlichen Schätze bieten einen Querschnitt durch die Entwicklung menschlicher Kultur von 1200 Jahren v. Chr. bis zur heutigen Zeit. Selten findet ein Kulturbegeisterter unter einem Dach eine so kompakte eindrucksvolle Sammlung wie in diesem großartigen Museum!

DIE FÄHRE

So besteige ich voller Herzklopfen in Gedanken versunken die nicht datierbare (weshalb auch soll die Fahrt in die Ewigkeit mit Jahreszahl ausgestattet sein, da sie doch in die Ewigkeit führt?) ägyptische Holzfähre, die über den Fluss Hades in eine bessere Welt übersetzen soll. Der Fährmann, gekleidet in modische Mumienkleidung – ich bin erschrocken von einer Mumie gerudert zu werden, war ich doch bisher der Überzeugung, dass Mumifizierte die Grenze zwischen Leben und Tod, also den Hades, bereits überschritten haben –, nickt mir ohne Wimpernzucken (wie soll er auch, wenn diese bereits kunstvoll vor Jahrtausenden von den Präparatoren entfernt wurden) freundlich zu. Bisher hatte ich auch keine Ahnung, dass Mumien freundlich sein können, doch eine Reise, erst recht ein Übersetzen des Hades, ist stets von Überraschungen begleitet, wie mir bestimmt manche Reisende beipflichten könnten, könnten diese dies noch. Jedenfalls schwankt der Boden des Fährboots recht heftig, als ich es besteige. Kein Wunder denke ich, die Buchstaben in meinem Hirn tanzen lassend, das Holz ist alt und morsch. Hoffe einzig, dass dieses noch die Überfahrt überleben wird. Überleben? Ja, das will ich auch! Will ich mit jeder

Faser meines Körpers. Nicht des astralen. Nein, des leiblichen, der jetzt bereits vom Fährmann abgestoßen in der Strömung des Hadesflusses schaukelnd sein Gleichgewicht zu halten sucht. Na ja, der Fährmann hält mir ein Ruder hin, nickt nochmals freundlich, ohne mit der Wimper zu zucken, erwartet, dass ich mich rudernd ans andere Ufer rette. Ha, da hat er aber auf den falschen Lottoschein gesetzt, die Wahrscheinlichkeit, dass ich seinen stummen Befehl ausführe, falsch eingeschätzt. Ich rudere heftig. Doch die Strömung des Hades ist unwahrscheinlich stark. Der Nebel des anderen Ufers lichtet sich. Ich erkenne dort einen älteren Herrn, der an einer riesigen Leinwand arbeitet. Der eine farbig bekleckste Malerbluse trägt. Und gerade an der Unterschrift des Bildes arbeitet. Nicht in Hieroglyphen, wie ich es erwarte, nein ich kann die Buchstaben erkennen. Und setze diese zu zwei Worten zusammen. HIERONYMUS BOSCH! Wer hätte gedacht, dass dessen Meisterwerk das Ufer des Hades schmückt? Der Schrecken ob dieser Jenseits-Aussicht gibt mir übermenschliche Kräfte, ich rudere zurück. Beschließe, das Fährboot im Hier und Jetzt und nicht im Jenseits zu verlassen.

Da ertönen Worte von einer hellen, beinahe himmlischen Stimme ausgesprochen: »Es ist untersagt, auf Museumsbänken ausgestreckt ein Nickerchen zu wagen!« Die Augen zu kleinen Schlitzen öffnend, erkenne ich eine junge Museumsaufsicht, womöglich eine Kunststudentin, die mich jetzt unerbittlich bittet, meine Position zu verändern. Was ich, das Bild von Hieronymus Bosch noch vor Augen, unmittelbar durchführe und meiner »Lebensretterin« einen mehr als dankbaren, halb verliebten stummen Blick aus den nun ganz geöffneten Augen zuwerfe, denn diesseits des Hades zu sein ist bestimmt aussichtsreicher als jenseits ...

BIESHEIM

Musée Gallo-Romain

- Adapté aux familles
- Place de la mairie, Le Capitole, +33 3 89 72 01 58
- Accès en fauteuil roulant, Parking

© A. Linder/ Musée gallo-romain Biesheim

Gemme mit der Darstellung des siegreichen Kaisers Commodus, der einen um Gnade flehenden Barbarenkönig stürzt

Die römischen Garnisonen entlang des Rheins waren besonders in der Umgebung von Biesheim in der Nähe der deutsch-französischen Grenze ausgebaut, um die damaligen Grenzen zu schützen. Dazu gehörte auch die heilige Zone von Oedenburg, die eine reiche Fundstätte für die Archäologen darstellt. Spuren von Tempeln über Tempeln wurden dort entdeckt mit überaus reichen Funden, die jetzt im 1990 errichteten Museum zu sehen sind. Der Reichtum an herrlichen Figuren, Grabbeilagen und Schmuckstücken ist überwältigend! Auf einer eher kleinen Fläche sind in zahlreichen Schaukästen die Funde in meisterhafter Weise präsentiert, sodass ein stundenlanger Aufenthalt notwendig ist, um all die kleinen und kleinsten Wunderwerke des Kunsthandwerks der römischen Zeit, Halsketten, kleinste Skulpturen, Amulette, Ringe, Kämme, Pinzetten und vieles andere mehr zu genießen. Höhepunkt des Museums ist eine aus einem Achat geschaffene Gemme, die den Kaiser Commodus (180–192 n.Chr.), Sohn des Marc Aurel, in Siegespose über einem besiegten Barbaren zeigt. Ein so extrem gut erhaltenes Schmuckstück mit bildlicher Darstellung ist ein äußerst seltenes römisches Kunstwerk, vor dem sich in jedem großen Museum Besuchertrauben bilden würden. In Biesheim hingegen kann dieses seltene Exponat in aller Ruhe und mit Muße betrachtet werden!

Daneben finden sich in diesem kleinen Museumsprunkstück ein bestens erhaltener Sarkophag, Schlüssel und Schlösser, tägliche Gebrauchsgegenstände, Keramik in zahlreichen Formen und Farben, ein wahrer Augenschmaus! Höchst sehenswert sind auch eine aus Eichenholz gefertigte Holzstatue – nur der Kopf ist voll ausgebildet – sowie eine Grabstätte mit einem Skelett, wie die Archäologen es vorgefunden haben! Nicht nur für Kinder besonders beeindruckend.

Bereichert verlassen die Besucher dieses von den Massentouristen bzw. Touristenmassen noch nicht entdeckte Kleinod, das wärmstens empfohlen sei!

DER BARBAR

Ich bin stolz ein Barbar zu sein. Und dies obwohl über uns so viele Unwahrheiten verbreitet wurden und werden. Ha, Worte wie »barbarische Strafen« sollen belegen, wie grausam wir waren. Obwohl gerade diejenigen, die uns bekämpften, mit uns Barbaren so grausam umgingen. Und so bezichtigten sie uns der Barbarei, um ihr Gewissen zu beruhigen, erniedrigten uns barbarisch, zwangen uns zu Boden. Natürlich, ich will das weder verniedlichen noch verschweigen, wenn Eroberer uns zu bezwingen suchten, unsere Heimat, unsere Lande angriffen, um uns zu unterjochen, dass wir »Barbaren« uns dann zu wehren wussten. Spannend ist jedenfalls, dass die Eroberer uns als Eroberte stets ohne jede Unterscheidung als Barbaren bezeichneten, was mich wiederum verletzt. Denn was habe ich heldenhafter Verteidiger meiner Heimat, meines Volkes, meines Stammes, meiner Familie, obwohl geschlagen und für die Geschichte in Stein gehauen, mit anderen, mir verhassten Volksscharen zu tun, die unsere Besieger ebenfalls Barbaren nennen. Alle in den gleichen Topf werfen, ja, das können die Feinde unserer Stämme in perfekter Form. Aber wartet nur! Auch wenn ich in Stein als Verlierer, Besiegter verewigt hier zu sehen bin, die Eroberer wurden von uns, den Barbaren verjagt. Hinterließen zwar Spuren. Spuren wie mich. Aber auch erlesenste Stücke ihrer Kultur, die sie auf der Hals über Kopf erfolgten Flucht zurücklassen mussten, damit diese 2000 Jahre später als Schmuckstücke ihrer Niederlage von den modernen Besuchern zu bewundern sind. Ja, schaut nur genau hin, wie ich mit meinem Zukunftswissen am Boden liege, besiegt zwar, aber mit einem versteckten Lächeln über die Gerechtigkeit der Geschichte, der Zukunft, die immer eintreffen wird! Aus der Geschichte, aus der Zukunft lernen wollen siegende Despoten trotzdem nicht, da müssten sie zu viel Empathie entwickeln. Die aber geht ihnen vollkommen ab. Die Sieger müssten dann nämlich barbarisches Wissen erwerben. Wären sie dazu jemals bereit gewesen, die Weltgeschichte wäre eine andere – und die Gemme, die Kaiser Commodus und mich zeigt, vermutlich auch.

BOUXWILLER (BAS-RHIN)

Musée du Pays de Hanau

- 3 Place du Château, +33 3 88 00 38 39
- Accès en fauteuil roulant, Boutique, Parking, Accès bus

Museumsgebäude (Schlosskapelle aus dem 14. Jahrhundert und Fruchthalle aus dem 16. Jahrhundert)

2013 errichtet, bietet das Museum einen profunden Überblick der Geschichte und des Brauchtums der Gegend. Die Schlosskapelle aus dem 14. Jahrhundert und der einmalige Holzdachstuhl wurden zu lehrreichen Ausstellungsflächen, die vielfältige Einblicke in die wechselhafte Geschichte der Grafschaft Hanau-Lichtenberg geben. Bereits Römer besiedelten die Gegend von Bouxwiller und hinterließen ihre Spuren. Später war es der Tabakanbau, der im Mittelalter Wohlstand und Reichtum für die Herrscher brachte. Die Grafschaft reichte damals bis nach Darmstadt und dem hessischen Hanau. Auch die dunklen Seiten der Ereignisse in der Grafschaft werden im Museum gezeigt und erörtert. So wie der 30-jährige Krieg, bei dem die schwedischen Truppen plünderten und brandschatzten und alles, was nicht niet- und nagelfest war, zerstörten. Neben anderem Aberglauben werden auch die Hexenverfolgungen thematisiert, der einige Bewohnerinnen und Bewohner der damaligen Grafschaft zum Opfer fielen. In der vorindustriellen und industriellen Zeit wird die Gegend dann vom Braunkohlenabbau und dem Beginn der chemischen Industrie geprägt, deren Spezialprodukte weltweit ausgeführt wurden. Ein Blick in die historische Wohnkultur und das Schlossleben im 18. Jahrhundert – samt einem von Benjamin Franklin konstruierten Pianoforte – runden das Bild ab!

Übrigens soll im ehemaligen Schloss eine Gräfin gelebt haben, die der Schönheit willen in menschlicher Babymilch baden wollte und die Wöchnerinnen verpflichtete, diese im Schloss abzuliefern, bis sie, die Gemahlin des Herrschers, von der Bevölkerung mit Mistgabeln aus Schloss und Land vertrieben wurde!

DIE MAGD UND DER GRAF

Es geschah einfach so im Frühjahr dieses Jahrs des Heils. Nach dem exakten Jahr zu fragen, erübrigt sich, denn es war DAS Jahr meines Lebens. Ein Jahr, das sich wie ein ganzes Leben anfühlt. Es war an einem frühen Morgen. Die Dämmerung ging in den ersten Sonnenstrahlen baden und ertrank in diesen. Ohne aufzumucken. Das bewundere ich, der Herr dieses Schlosses, noch heute, auch nach den schlimmen kriegerischen Ereignissen des letzten so strengen Winters. Also, an diesem einen frühen Morgen, wir nennen diesen auch »petit matin«, stand vor meinem Schlafgemach eine Gestalt, ich vermeinte zu träumen, von so unglaublicher Schönheit, dass ich beinahe wie gelähmt auf meiner Bettkante saß. Unter des Mädchens Haube kringelten, als seien es lebendige Schlangen, blonde Locken hervor. Und ihre Stimme klang engelszungengleich, als die wundervolle Gestalt mich mit gesenktem Haupt fragte, ob ich einen Morgenwunsch zu vermelden hätte. Nun, als Graf dieses Schlosses war und bin ich gewohnt, dass die Menschen sich mir unterwerfen, unterwürfig mir dienen wollen. Aber mir blieb einfach die Spucke weg. Ich fühlte, dass ein besonderer Liebeszauber von mir Besitz ergriff. Diese Magd, ich erfuhr erst gegen Mittag, dass es die neue, gestern vom Hofmeister engagierte Dienerin war, nahm mich sprichwörtlich mit allen meinen Sinnen in Geisel- oder besser Liebeshaft gefangen. Zwar war ich zu diesem Zeitpunkt einigermaßen mit meiner Gemahlin glücklich, aber wie es oft Männern, die Macht auszuüben haben, ergeht, träumte ich oft von kleinen Abenteuern – und beim Traum blieb es, ich gestehe es hier, nicht immer – mit meinen treuen Untertaninnen, die es oft als Ehre ansahen, mir auch in Liebesdingen zu dienen. Ja, da setzte sich, nachdem ich wusste, was es mit der Morgenerscheinung auf sich hatte, eine dicke Flause in meinem Kopf fest: Ich musste sie besitzen mit Haut und Haar! Meine Gemahlin, sie hörte sprichwörtlich überall das Gras wachsen, las mir den Wunsch an meiner Nasenspitze ab und berief ein Konvent von Hofdamen ein, um sich zu beraten, wie sie die Schönheit der Magd übertrumpfen könne. Man besprach sich lange. Kein Mann durfte dieses Konklave brechen, doch von einer meiner früheren Liebschaften, die mir immer noch treu ergeben war und diesem erlauchten Kreis angehörte, vernahm ich, dass viel über Kleopatra gesprochen worden war, die sich täglich in einem Bad von Eselstutenmilch wohlig räkelte, um Julius Caesar zu gefallen und überhaupt die begehrteste Frau des Erdkreises zu werden. Da in unserer Grafschaft kaum Esel vorhanden sind, beschloss das Gremium, meine Gemahlin solle in Muttermilch der Grafschafts-Wöchnerinnen baden, das sei weit effektvoller und werde die Herrlichkeit der Magd gewiss in den Schatten stellen. Es wurde eine Brigade von Muttermilchhäschern zusammengestellt, die täglich frühmorgens die stillenden Mütter ins Schloss zu bringen hatten, wo ihnen die Muttermilch abgenommen wurde, die ihre Kleinkinder so dringend benötigten. Die Gräfin genoss die täglichen Bäder, plantschte und trank auch in kleinen Schlucken aus ihrem Badezuber die Köstlichkeit, die ihr da dargeboten wurde. Doch der Unmut der um ihre Milch geprellten Untertaninnen stieg täglich, bis eines Tages diese mit Mistgabeln ausgerüstet den Schlosshügel erklommen und die Gräfin mit Schimpf und Schande aus ihrem Badeparadies vertrieben. Doch nicht genug damit, die so wundervolle Magd, die das Ganze ausgelöst hatte, wurde ergriffen und angeklagt, einen Liebeszauber ausgelöst zu haben. In ein Verlies tief unten im Schloss wurde sie eingekerkert und auf ewig von meinen Blicken getrennt, sodass ich einzig in nächtlichen Augenblicken von ihr träumen konnte, ohne sie oder meine Gemahlin je wieder zu besitzen.

Auch von mir wendeten sich meine Untertaninnen ab. Straften mich mit eisigen Blicken, wenn die Begehrlichkeit meiner Augensterne sie auf bloßer Haut berührte. Da erkannte ich, welche Eselei ich in meinem Leben mit meinem Lebenswandel begangen hatte, lebte zur Buße fortan im Eselstall, geächtet auch von diesen Tieren, die, wie mir schien, ihr Haupt über meine Frevel langsam von links nach rechts wiegten. So hoffe ich seither, im nächsten Leben zur Strafe als Esel das Licht der Welt zu erblicken, der dann für seine früheren Eseleien unter selbstsüchtigen Schlossherren und anderen kleinköpfigen Zweibeinern zu büßen haben wird …

CHÂTENOIS

La Maison du Distillateur

- 20 rue de Villé, +33 3 88 57 84 87
- Accès en fauteuil roulant, Boutique, Parking

© La Maison du Distillateur

Im Dorf Chatenois, nahe am Städtchen Sélestat, befindet sich das Musée du Distillateur, das 2014 eröffnet wurde. Die Brennerei, auf deren Gelände das Museum steht, wurde 1958 von Fridolin Meyer, dem Gründer des Familienunternehmens, eröffnet. Da in Frankreich die Brennrechte auf den Häusern liegen und nicht an Personen vergeben werden, sind immer mehr Brennereien im Elsass verschwunden. Es bleiben deren zwei übrig, eine davon diejenige der

Familie Meyer. Das ist auch einer der Hauptgründe für dieses Museum, das die Geschichte des Schnapsbrennens im Elsass als Kulturgut erhalten will. Alte Instrumente, Geschichten, Fässer und Gerätschaften zum Schnapsbrennen finden sich in ihm und zeugen vom handwerklichen Können, das nötig ist, um Produkte von gleichbleibend hoher Qualität herzustellen. In einem Film wird die Geschichte der Distillerie Meyer, die heute in dritter Generation geführt wird, erzählt. Die gebrannten Wasser sind seit eh und je auch als Arznei verwendet worden, doch der Hauptzweck ist derjenige des Genusses, des Auslösens der Melodie der Sinne! Die Distillerie Meyer hat zudem als eine der ersten Brennereien in Frankreich begonnen, hochwertigen Whiskey herzustellen, der bis zu zwölf Jahren in Sauternefässern gelagert und zur Trinkreife geführt wird.

DAS VERIRRTE FASS DES DIOGENES TANZT ZUM MOND

»Geh mir aus der Sonne«, dieser Wunsch des Diogenes an seinen König beeindruckt noch heute! Auch die Fässer in der Distillerie wissen davon. Murmeln sich im Dunkeln, in der sie beheimatet sind, dieses geflügelte Wort immer wieder zu. »Ach hätten wir Flügel, wir könnten dann die Sonne sehen, sie erleben, die Vielbesungene. Wie müssen nur Sonnenstrahlen schmecken? Brennen? Mehr als unser Inhalt in den Kehlen?«

Da meldet sich ein Uraltfass zu Wort. Behauptet, ein direkter Abkömmling des Fasses des Diogenes zu sein. Aus gleichem Holz gefertigt. Zedernholz! Zedern aus dem Libanon, die verschifft zu den alten Griechen kamen. »Eine Planke stammt noch aus dieser Zeit, direkt vom Fass des Philosophen«, prahlt das Fass. »Mein Tonnelier hat es mir eingebaut. Wenn auch nur ein Holzstück, nicht viel größer als ein paar Späne. Doch dieses lässt mich weise werden. So rufe ich euch alle auf, den nächsten Vollmond abzuwarten und dann, ja dann werden wir alle tanzen. Tanzend zuerst den Mond erreichen, ihn ins Fass einsperren, damit er uns nicht den Weg zur Sonne versperrt. Darauf tanzen wir bei Tangotönen zu der Königin Sonne. Zu ihren Eruptionen, die sie uns schenken wird.«

Doch als der Vollmond die Erde bescheint, ist das Fass des Diogenes so voll gelaufen, dass es sich kaum mehr bewegen kann und zufrieden in seiner Ecke schlummert. Als die anderen Fässer es anklagen, es habe nicht sein Wort gehalten, und es mit Vorwürfen überhäufen, antwortet das alte Fass laut bellend, als sei es auf den Hund gekommen:

»GEHT MIR AUS DEM MOND!«

COLMAR

Musée Bartholdi

- 30 rue des Marchands, +33 3 89 41 90 60
- Boutique

Foto: © Christian Kempf

Wer den Geruch der Freiheit erleben will, muss das Museum Bartholdi in Colmar besuchen. Dort können Besucher das Leben und das gesamte Werk des Auguste Bartholdi, des Schöpfers der Freiheitsstatue in New York erleben! Bartholdi wurde 1834 in Colmar geboren und vollbrachte in seinem äußerst wechselreichen und erfolgreichen Leben ein gewaltiges Werk, das einem Hercules gerecht würde! Er war Maler, Bildhauer, Offizier, Weltenbummler. Und Erfinder einer neuartigen, von der ägyptischen Monumentalkunst inspirierten Bildhauerkunst. Allein die Geschichte des Löwen von Belfort, dessen Geburt im Museum nachverfolgt werden kann, ist mehr als bemerkenswert. Dann aber folgte die Freiheitsstatue von New York, eine begehbare Riesenskulptur, deren Kopf bei der Weltausstellung 1878 in Paris ausgestellt wurde. Kaum bekannt und im Museum zu erfahren ist, dass Gustave Eiffel, der Erbauer des Eiffelturms, das Trägersystem für das innere Stützgerüst entwarf. Die Freiheitstatue, so kann man im Museum erfahren, wurde durch eine Reise nach Ägypten beeinflusst, wohin Bartholdi im Jahr 1855 zu Studienzwecken aufbrach und von wo er mit zahllosen Ideen ein Jahr später nach Paris zurückkehrte. Die Ära der Monumente und Denkmäler kam dem talentierten Bildhauer entgegen, ließ ihn zahlreiche monumentale Skulpturen entwerfen, deren Modelle und Entwürfe im Museum zu besichtigen sind. Im Saal, der Amerika gewidmet ist, können die Betrachter über das wagemutige Unternehmen, die Konstruktion sowie die Verschiffung der Freiheitsstatue staunen. Übrigens ist die Figur 46 Meter hoch (mit dem Sockel 93 Meter) und 264 000 kg schwer, und das alles realisiert in einem Zeitalter, das heutige technische Hilfsmittel noch kaum kannte!

In den Museumsräumen sind die ehemaligen Wohnräume der Familie Bartholdi nachgebildet, sodass die Besucher einen Eindruck erhalten, in welcher Atmosphäre

Auguste – sein Vater verstarb, als er zwei Jahre alt war – aufgewachsen ist.

Bereichert mit neuem Wissen, das bis ins kleinste Detail reicht, verlassen die Besucher das Museum, das als Bauwerk alleine bereits eine historische Sehenswürdigkeit darstellt.

DAS LICHT DER FREIHEIT FINDET SEINEN WEG

So hell strahlend, als sei der Lichtbogen ein neu geborener Stern, leuchtet dieser so, dass ich mich wie eine Schmeißfliege von ihm angezogen fühle. Doch als ich um die Hausecke dem hell leuchtenden Schein entgegengehe, ist dieser erneut um die nächste Ecke entschwunden, als ob er geflohen wäre, alle Tausend Lichtfüßchen unter seine Arme genommen hätte. Weggerannt? Anderen heimleuchten gegangen? Mich alleine gelassen. Ins Dunkle zurück gestoßen. Einsam nach Freiheit suchend, obwohl diese doch soeben am Horizont erschienen ist. Unerreichbar, aber greifbar? Unerreichbar greifbar? Eine Unmöglichkeit und trotzdem der Wirklichkeit entsprechend. Der möglichen Wirklichkeit. Der unmöglichen Unwirklichkeit. Ich bin bereits außer Atem. Renne dem Licht immer noch hinterher. Jetzt! Nein, das darf nicht sein! Eine Wolke. Der Schein versteckt sich in ihr. Lässt sich vernebeln. Umhüllen. Badet im samtigen Schaum der Wolke. Die mich, als ich einen gewagten Luftsprung unternehme, um das Licht zu fassen, ebenfalls umschließt. Meine Sinne zu vernebeln sucht, auf dass ich den Schein vergesse. Doch weit gefehlt! Ich rüttle und schüttle an meinem Geist. Er erwacht! Und nie und nimmer lasse ich die Sehnsucht nach diesem Licht verglühen. Denn das Suchen und Erreichen dieses Zustands, des Zustands der Freiheit wird nie vergehen. Die Glut in mir, in uns wird weiter leben, warten auf den nächsten Windstoß, der sich am Horizont erhebt, der die Menschheit weiterhin zu ihrem Ziele leitet, sie begleitet, wenn auch nur mit einem sanften Säuseln.

Und da, eine sonnenbeschienene, in allen Farben des Spektrums schillernde Wolke kommt auf mich zu. Umarmt mich, als wäre es eine Lichtgestalt aller Freiheitsträume dieser Welt. Erfüllt mich mit Frieden und gestillter Sehnsucht. In ihr Milliarden von freiheitlichen Gedankensplittern, die je auf unserer Erde gedacht, ersehnt, erreicht worden sind und die Kraft besitzen, Unfreiheit auf ewig auszulöschen.

VIVE LA LIBERTÉ!!!

Musée Unterlinden

- Adapté aux familles
- Place Unterlinden, +33 3 89 20 51 50
- Accès en fauteuil roulant, Boutique, Restaurant, Accès train, Accès bus

© Musée Unterlinden

Matthias Grünewald 1475/80–1528): Isenheimer Alter, Versuchung des heiligen Antonius/ Besuch des heiligen Antonius beim heiligen Paulus

Ein Diamant unter den elsässischen Museen, schlichtweg ein Besuchsmuss für alle Kunstbegeisterten. Das spürt man bereits, wenn man den Kreuzgang des alten Klosters betritt, denn dieser besitzt eine besondere Ausstrahlung. Unbedingt sollte man sich die Zeit nehmen, diese zu erfühlen, eine Pause der Besinnung auf einer der Sitzbänke, oder man schreitet meditierend durch den Kreuzgang – beides ist eine gute Vorbereitung für das Eintauchen in die außerordentlichen Kunstschätze des Mittelalters, die einen danach erwarten. Martin Schongauer (1445–1491) und seine Schule schufen Werke von unschätzbarem Wert. Der ISENHEIMER Altar, ein absolut einmaliges Polyptychon, dessen Altartafeln erst kürzlich durch die Restaurierung ihre leuchtenden Farben zurückerhalten haben, fesselt alle Besucher, zieht uns mit seinen aus dem Unterbewussten aufsteigenden Bildern in seinen Bann. Glückseligkeit und Trauer, Freude und Ängste sind darin vereint, zeigen alle Seiten des menschlichen Seins. Wie der Dichter Huysmans im Jahre 1908 schrieb: »es verschlägt einem den Atem!« Die schlichten Holzbänke vor den einzelnen Tafeln laden zum Verweilen und Kontemplieren ein, was den Besuchern ermöglicht, Licht ins eigene Sein fallen zu lassen und Seelenspaziergänge zu unternehmen. Dazu sind Holzskulpturen mit ausdrucksstarken, in alle Einzelheiten der Charaktere weisenden Feinheiten zu bewundern; die dreidimensionalen Szenen aus der Bibel lassen uns erkennen, wie in dieser Zeit Frömmigkeit gelebt worden ist. Bei manchen Altarbildern, Triptychen und einzelnen Heiligen- und Marienfiguren fühlt der Besucher sich in die Zeit zurückversetzt, kann sich plastisch vorstellen, wie sie einst angebetet wurden.

Im Obergeschoss finden sich Zeugnisse der oberrheinischen Volkskunst wie Möbel, Schmiedekunst, Truhen, Schmuckkästen, Töpfe, Essgeschirr und vieles andere mehr. Begeisterung lösen die Schmuckgrabbeilagen des Ensisheimer Prinzengrabs aus der Zeit 500–480 v. Chr. aus. Diese belegen, wie hoch die Kultur und Kunst bereits damals ausgebildet waren.

Im Untergeschoss findet sich eine reiche Auswahl von Stein- und Holzskulpturen, wobei der heilige Martin aus Stein aus dem 13. Jahrhundert in seiner Schlichtheit und den idealen Proportionen besonders überzeugt. Im Neubau finden die Besucher neben Wechselausstellungen die Sammlung Moderner Kunst Unterlinden mit hervorragenden Werken von Otto Dix, Dubuffet, Picasso, Rodin und vielen weiteren bedeutenden Kunstschaffenden der Moderne. Die hellen, großzügigen Räume lassen auch große Gemälde und dreidimensionale Figuren und Skulpturen ins richtige Licht rücken! Spannend ist der Vergleich der mittelalterlichen und der modernen Kunst, der im Unterlindenmuseum besonders gut gelingt.

Nicht zu vergessen ist das Unterlindencafé, in dem bei hervorragender Speise und edlem Getränk die Eindrücke des Besuchs verarbeitet werden können.

DAS UNTERBEWUSSTSEIN IN LINDENHOLZ

Die Besucherin, die sich auf einen Rollator stützt, um durch das Museum zu gelangen, steht vor einer herrlichen Holzskulptur, die aus dem 13. Jahrhundert stammt. Ist in diese versunken. Setzt sich nun davor auf ihr Gerät, das über einen eingebauten Sitz verfügt. Murmelt Worte vor sich hin. Ich trete näher. Möglicherweise bedarf diese Frau meiner Hilfe. Man kann nie wissen. Doch ihr Blick haftet an der Skulptur, scheint mit ihr verwachsen. Spricht sie zu ihr? Erwartet Antwort? Betet sie? Aber vor einer einfachen Figur? Da gäbe es andere Möglichkeiten hier im Museum. Vor dem einmaligen Altar zum Beispiel. Soll ich die Dame mit dem weißen Haardutt darauf hinweisen? Geht dich nichts an, sagt mein Verstand zu mir. Lass sie beten. Oder sprechen. Zu wem auch immer. Geh weiter, es gibt hier noch so viele Schätze zu bewundern! Doch, ich kann es nicht erklären, meine Füße sind wie verschraubt im Boden. Meine Muskeln gehorchen nicht auf die Befehle, die ich ihnen gebe. Werde langsam ungehalten. Weiter, weiter, spuckt mein Hirnzentrum den Beinen zu. Doch keine, auch nur kleinste Reaktion erfolgt. Da steht die Bewunderin der Holzstatue gemächlich, sich an den Rollator klammernd, auf. Erschrocken, ja verdattert schaue ich in ein junges Gesicht. Blitzende Augen, die mich kohlenschwarz ansehen. Die vollen Lippen, Kusslippen geht mir durch den Kopf, bewegen sich leicht. Eine melodiöse Stimme, die mich an meine erste Liebe erinnert, flüstert mir Worte zu. Leise. Beinahe stumm. Ich neige mein Haupt der alten, nein, der jungen Frau zu.

»Bewunderst du die Skulptur? Sie ist aus Lindenholz. Aus uraltem Lindenholz. Hat so viel während ihres Wachstums erlebt. Dann die Fällung mitten in den Wirren schrecklicher Kriege. Lange Jahre wurde sie von Meisterhand behauen. Für ihr zweites Leben. Das dieses herrliche Meisterwerk nun seit Jahrhunderten erlebt. Angebetet. Bewundert. Verinnerlicht all die Worte, die zu ihr gesprochen werden. Und wenn du deine Ohren spitzt, ist das Unterbewusstsein des Kunstwerks zu vernehmen, gebildet aus all den Worten. Den Tausenden, nein den Millionen Worten, die in das Lindenholz eingedrungen sind. Wir können davon lernen. Lernen, wie wir die Zukunft zu gestalten haben. Leid vermindern können. Glück verbreiten. Höre auf ihr Unterbewusstsein. Bringe ihr in Worten deinen Beitrag, und ihre Antwort wird dich beglücken!«

Ich schließe kurz die Augen. Worte sprudeln stumm aus meinem Mund hin zum Lindenholz, und als ich die Augen wieder öffne, sitzt die alte Frau mit dem weißen

Dutt auf ihrem Rollator, immer noch tief versunken im Gespräch mit der Skulptur, und ich fühle mich federleicht wie seit Jahrzehnten nicht mehr …

COLMAR

Le Village Hansi et son Musée

- 28 rue des Têtes, +33 3 89 41 44 20
- Accès en fauteuil roulant, Boutique

Foto: Pauline Kupper Photographie

Wer das elsässische Brauchtum entdecken will, ist gut beraten, das Musée Hansi in Colmar zu besuchen, um dort die wechselvolle Geschichte dieser wunderbaren Gegend zu erkunden.

Jean-Jacques Waltz, 1873 in Colmar geboren, auch Oncle Hansi genannt, ein Autodidakt, gelernter Textilzeichner, lebte bis 1951 ein bewegtes Leben, dem das Museum gewidmet ist. Er war ein begnadeter Aquarellist, Zeichner, Maler, Schriftsteller, dessen Werk voll und ganz dem Elsass zugetan war. Im Jahr 1912 veröffentlichte er das bekannte Buch MEIN ELSASS, und 1913 folgte MEIN DORF. Als das Elsass vor dem Ersten Weltkrieg deutsch war, kämpfte Waltz für die Anerkennung der französischen Traditionen, äußerte sich kritisch gegen die Obrigkeit und wurde deshalb verurteilt. Im Museum können seine Karikaturen aus der damaligen Zeit betrachtet werden. Höhepunkt des Museums sind jedoch seine Aquarelle über das elsässische Stadt- und Landleben. Er lässt die Besucher Einblicke in das Elsass von einst erleben, Hof- und Naturszenen, aber auch wie Colmar einst aussah, lässt sich dank seiner Werke erfahren! Diashows, die in nachgebildeten alten Eisenbahnabteilen betrachtet werden können, lassen Museumsbesucher in eine verlorene Vergangenheit eintauchen. Bäuerliche Traditionen werden in den Gemälden und Aquarellen wieder belebt, lassen die Veränderungen zur heutigen Zeit erleben. Besonders sei eine Serie von Aquarellen des Malers unter dem Titel MAGIE DER NACHT hervorgehoben, die uns vom Nachtwächter bis zum Vollmond in die belebte Dunkelheit Colmars entführen. Das Museum Hansi zeugt davon, wie ein kreativer Mensch die Geschichte seiner Zeit auch hundert Jahre später lebendig werden lässt!

DER NACHTWÄCHTER

HÖRT IHR LEUTE, LASST EUCH SAGEN, rufe ich Nacht für Nacht lauthals durch die dunklen Straßen, schlage dabei die Uhrzeit auch mit meinem Stock lautstockmäßig auf den harten Boden. Begrüße all die Gespenster in der Geisterstunde, tanze mit ihnen um den Brunnen. Lasse mich Hand in Hand mit diesen durch die

Lüfte meiner Nachtträume führen. Nicht in den Tag hinein kann ich träumen. Es ist die Nacht, die mich träumen lässt. Träumen von besseren Tagen, die allen Menschen widerfahren sollen, wenn die Sonne wieder scheint und ich mich dann zum Schlafen lege, um meinen schlafenden Tagträumen nachzuhängen. Doch damit wecke ich schlafende Hunde, die mich dann geifernd und bellend umkreisen, mich aus dem Schlaf des Gerechten hin zum Tageslicht erwecken. Und ich stehe gähnend auf, vermeine in der Nacht zu sein. Nehme meinen Umhang und den Stock. Gehe in die belebten Gassen. Verkünde jetzt die Minuten, denn die Zeit läuft immer schneller. Läuft mir davon. Nicht einzuholen ist sie, selbst als ich atemlos beginne, die Sekunden auszurufen, bis ich erkenne, dass ich träume. Träume von der Eile, mit der die Lebenszeit mir schwindet …

GUNSBACH

Maison Albert Schweitzer

- 8 rue de Munster, +33 3 89 77 31 42
- Boutique, Parking, Accès train, Accès bus

Wer den Geist und die Ethik von Albert Schweitzer erfühlen und ergründen will, sei empfohlen, das Albert Schweitzer Museum in Gunsbach zu besuchen. Das ehemalige Wohnhaus und Europa-Refugium dieses großartigen Arztes, der neben dem Spital in Lambarene eine Ethik der Achtung jedwelchen Lebens gegenüber aufbaute und selbst intensiv nach seinen Grundsätzen lebte, ist im April 2020 nach intensiver Renovation und Vergrößerung wiedereröffnet worden. Albert Schweitzer wurde 1875 in Kaysersberg geboren, seine Eltern zogen mit ihm, als er sechs Monate alt war, nach Gunsbach, in dieses sympathische Dorf mit der imposanten Kirche. Albert ging hier zur Schule und blieb dem Dorf sein Leben lang verbunden. Er verstarb, ein eindrückliches Lebenswerk hinterlassend, 1965. Das Museum im Haus von Dr. Schweitzer wurde im Jahre 1967 eröffnet, um die ganzen hinterlassenen Dokumente – Schweitzer schrieb neben seiner Arbeit in Afrika 30 Werke – aufzuarbeiten und der Öffentlichkeit zugänglich zu machen.

Im Museum ist auch das Pianoforte Tropical zu sehen, auf dem Schweitzer musizierte. Eines seiner Bücher behandelt das Werk Johann Sebastian Bachs.

Zu besichtigen sind die bescheidenen Lebensverhältnisse, in denen er lebte, zahlreiche Dokumente, Schriften, Gegenstände mit Bezug auf den berühmten Philanthropen, Arzt und Musiker. Im Archiv des Museums befinden sich 80.000 Briefe, 35.000 Fotos und 900 Musikpartituren!

Dr. Schweitzers Ausstrahlung, die Ausstrahlung seines Werks war und ist so inspirierend, dass zahlreiche Jugendliche ihn als Vorbild nahmen und nehmen, um ihre Lebensbestimmung, ihre Berufung zu entdecken. Manche von ihnen finden dann nach erfolgreicher Berufsausübung tiefbewegt den Weg zurück in das Wohnhaus Schweitzers, das jetzt dieses sehr zu empfehlende Museum beherbergt!

DAS UNBEKANNTE ATOM

Ich habe erfahren, dass Menschen, die ja aus Milliarden von meinen Verwandten zusammengesetzt sind, unbekannte Soldaten verehren. Da habe ich mich sogleich zum unbekannten Atom ernannt. Mit einem guten Kern, wie es sich gehört. Möchte auch so verehrt werden wie der unbekannte Soldat. Die moderne Welt beängstigt mich. Denn, nicht wahr, was die Forscher gefunden haben, ist dramatisch! Uns zu spalten. Uns spalten zu wollen. Und sie haben das geschafft. Viele meiner Brüder und Schwestern wurden bei all den Versuchen in winzige Teile zerteilt. Auseinandergetrieben. Vom Kern getrennt. Ja, und das ging nicht ohne Drama aus. Denn die in uns innewohnende Energie wurde dadurch freigesetzt. Besonders fies dabei: zu kriegerischen Zwecken eingesetzt. Sodass unzählige Menschen dabei in ihre Einzelteile richtiggehend zerfetzt worden sind. Da kann sich jeder ausrechnen, was für Schäden bei unseren Verwandten entstanden sind. Zahlen mir unendlichen Nullen. Da wollten so viele Potentaten an diesem »Fort-Schritt« beteiligt sein. Spione wurden angesetzt. Eingesetzt. Gegenseitiges Bestehlen der Kenntnisse war an der Tagesordnung. Es lag die Gefahr einer entsetzlichen Kettenreaktion auf der Zukunft, die wirklich zu und schwarz aussah. Ich stellte mir vor, wie wir alle, Billionen Billionen unserer Gattung, sich in reine Energie umwandeln würden, samt mir selbst ... Und wo bliebe da das unbekannte Atom, das verehrt werden könnte, dem man ewige Flammen spenden würde – futsch und fertig wäre da mein Traum gewesen. Das konnte ich einfach nicht zulassen. Schlich mich also in das Haupt eines bekannten Arztes und Philosophen ein. In seine Schaltzentrale. Rumorte dort so lange, bis er aufstand, sich gegen den Irrsinn auflehnte. Die Welt aufforderte, Vernunft anzunehmen. Vernunft, die ja auch aus Atomen besteht, mobilisierte. Millionen meiner Verwandten begannen in anderen Köpfen zu rumoren, was alsdann zu einer weltweiten Bewegung führte, die Versuche der Spaltung zu beenden oder doch einzuschränken, um Kettenreaktionen und den Tod von uns allen zu verhindern. Der Initiant, ha, nicht ich, nein, der Arzt wurde dann geehrt, verehrt, was ich ihm mit meinem ganzen immer noch stabilen Kern, den ich ihm auch verdanke, gönne. Ich aber bleibe das unbekannte Atom. Unerkannt schwebe ich weiter und suche Tag und Nacht meine Mission weiter zu erfüllen, Irrsinn aus Köpfen zu entfernen, auf dass wir alle auf dieser so einmaligen Welt, auf diesem herrlichen Globus weiterleben können!

KLINGENTHAL

Maison de la Manufacture d'Armes Blanches

- Adapté aux familles
- 2 rue de l'Ecole, +33 3 88 95 95 28
- Accès en fauteuil roulant, Boutique, Parking, Accès bus

Foto: Marc Adolf – ASK

Waffen? Blanke Waffen? Nein, so etwas schau ich mir nicht an, werden viele denken! Doch wer das Museum im schmucken Dörfchen Klingenthal, beinahe zuhinterst im Tal des Flusses Ehn im Elsass besucht, wird eines Besseren belehrt!

König Ludwig XV. wollte bei der Beschaffung blanker Waffen nicht mehr einzig von Solingen abhängig sein und beschloss im abgelegenen, gut verborgenen Tal der Ehn, geschützt durch zwei Bergrücken, eine staatliche Einrichtung zur Produktion von blanken Waffen zu begründen. Die Wasserkraft des Flusses diente dabei als Antriebskraft in diesem bisher unbewohnten Gebiet. Als Erstes wurden die besten Spezialisten in dieser schneidigen Kunst aus Solingen abgeworben, die ihrerseits begannen Bewohner der Umgebung in diesem Handwerk auszubilden. Bald waren 700 Arbeiter in diesem staatlichen Betrieb, der die französische Armee, Infanterie, Artillerie, Kavallerie, Marine und alle Spezialkräfte mit Schwertern, Bajonetten, Brustpanzern und weiteren Artikeln der Schmiedekunst ausrüstete. Auf vier Etagen (oberstes Stockwerk mit der Aussichtsterrasse nicht verpassen) wird die Geschichte und die Handwerkskunst des Schmiedens mit zahlreichen Exponaten und deren Entstehung gezeigt. Da die Offiziere stets etwas Besonderes besitzen wollten, sind kunsthandwerklich besondere Exklusivitäten in Waffe und Scheide sowie im Handknauf zu bewundern! Neben Waffen wurden auch Sensen (über 250 verschiedene Modelle) und Messer hergestellt, bei denen sich wundervolle Exemplare im Tischbesteck finden. Ganze Jagdszenen sind dort zu sehen, echte kleine Kunstwerke, die zeigen, dass zwar nicht Waffen zu Pflugscharen gewandelt wurden, doch die Schmiedekunst die Waffenherstellung mehr und mehr verdrängte und Kunsthandwerk – besonders nach der Privatisierung der ganzen Anlage, der französische Staat verkaufte 1838 an den Direktor der Manufaktur, dessen Nachfolger den Betrieb bis 1963 aufrechterhalten haben – der wichtige Teil der Produktion wurde, dessen Produkte im Museum zu sehen sind. Doch auch lehrreiche Fakten sind zu erkunden, so zum Beispiel die Farbgebung des Metalls, das bei 316 °C blau und bei 255°C goldschimmernd wird!

Dass neben dem Museum ein hervorragendes, im Michelin verzeichnetes Restaurant und Beherbergungs-Lokal liegt, verführt zu einem längeren Aufenthalt in diesem herrlichen Wandergebiet!

DIE SENSIBLE SENSE

»Sense«, sprach mich die glänzende, die Sonne spiegelnde Klingenfläche sich mir zuwendend an. »Alles Sense«, erklang dann aus ihrem scharfen Schlund, leicht krächzend und anklagend ihre dumpfe Stimme. »Was für ein Leben«, fuhr sie mich jetzt reflektierend, ja blendend fort. »Was für ein Leben, Tod zu säen. Immer nur Tod. Jedenfalls in der Fantasie derjenigen, die mich betrachten. Obwohl, so frage ich dich, wo ist bewiesen, dass ich mit dem Tod verbündet bin. Reine Fantasie der Menschen! Denn, nicht wahr, es wäre doch zu grausam, wenn ich wie reife Ähren beim Mähen Menschenleben ins Jenseits, das ja nicht einmal bewiesen ist, befördern würde. So unrecht wird mir getan. Findest du nicht auch? Ja, sieh dein Ebenbild nur in meiner Spiegelfläche, in meiner polierten Schnittfläche an. Rot und gesund sieht es aus. Ich habe dir doch nichts angetan. Und doch ... ich fühle es, denn ich bin eine sensible Sense, du fürchtest dich vor mir. Vor meiner Macht. Der Macht über Leben und Tod, die ich besitze. Nimm dich in Acht! SSSSSSssssss! Hab keine Angst ... es ist bereits geschehen ...«

LABAROCHE

Espace des Métiers du Bois et du Patrimoine

► La Place, +33 3 89 78 94 18

© Espace des Métiers du Bois et du Patrimoine
Foto: Jean-Marc Frey

Wer alles über Holz erfahren will, sollte unbedingt das Holzmuseum in Labaroche aufsuchen. Bereits die Anfahrt durch die herrliche Gegend der Vogesen ist ein Erlebnis! Durch die zahlreichen Kurven steigen die Interessierten auf 700 Meter Höhe, wo das Holzmuseum, natürlich ganz aus Holz erbaut, mit seinen wissenswerten Inhalten auf die Besucher wartet. Das Museum ist von April bis Oktober geöffnet. Es lohnt sich eine Führung mitzumachen, denn dann werden all die Holzmaschinen der umfassenden Sammlung einzeln vorgeführt, was ein besonderes Erlebnis darstellt. Die eindrucksvolle Präsentation der Holzfällertradition und all ihrer Werkzeuge lässt die Besucher Jahrzehnte zurückblicken und miterleben, wie einst, ja schon vor 1000 Jahren, das harte Leben der Holzfäller, deren Gemahlinnen daneben eine Kleinstlandwirtschaft zur Versorgung mit dem täglichen Bedarf führten, verlief. Die Industrialisierung brachte dann gewisse Erleichterungen, und die Nutzung der Wasserkraft und der Dampfkraft bei der Holzverarbeitung wird bestens dargestellt. Die riesige Dampfanlage, die aus einer ehemaligen, dann stillgelegten holzverarbeitenden Fabrik stammt und die abgerissen werden musste, um diese ins Museum zu transportieren, ist imposant! Sägerei- und Schreinerei-Traditionen werden vorgeführt, ein besonderes Highlight ist die Käseschachtel-Produktion auf einer speziellen Maschine! In den Obergeschossen ist eine reichhaltige Sammlung von aus Holz hergestellten Produkten ausgestellt. Ein beeindruckender Schwerpunkt ist dabei die Präsentation von Holzspielzeugen, alle aus handwerklicher Produktion. Wer zudem Notre Dame de Paris mit ihrem ursprünglichen Türmchen, das bei der Feuersbrunst von 2019 verbrannt ist, noch einmal sehen will, kommt dabei auf seine Rechnung! Voller Staunen erkennt der Besucher, die Besucherin beim Betrachten, was alles aus Holz in Maßstäben 1:8 hergestellt werden kann. Wer zudem bisher der Ansicht war, dass Holzschuhe eine Errungenschaft der Holländer seien, wird eines Besseren belehrt, denn im Holzmuseum wird die Tradition der Vogesen, Holzschuhe handwerklich und nicht industriell herzustellen, weiter gepflegt!

DIE ZEITSÄGE

Ach, liebe ich die Jahrmärkte. Auch die in kleinen Städten oder großen Dörfern. Diese einmalige Stimmung! Das Gedränge. Das Angebot! Die Zuckerwatte, die mich beim

Naschen in meine Kindheitsträume führt. Den billigen Jakob, der oft sich als teuer erweist, wenn zuhause das Gekaufte sich schnurstracks in Auflösung begibt. Oder die Fallmasche den Strumpf in meiner Leibfarbe zu fleischlichen Durchblicken entführt. Doch eines Tages, ich will es nicht verschweigen, erlebte ich ein wahres Wunder. Um den Jahrmarktstand ein Gedränge, das sich gewaschen hat, obwohl dort kein Wunder-Wasch-Pulver angeboten wurde. Nein, der Verkäufer, oder besser zu beschreiben als ausufernder Ausrufer, pries mit seiner spitzen, von Lautsprechern verstärkten Stimme, die derjenigen eines Papageien ähnelte, eine Zeitsäge an. Ich musste beim Hören dieses Wortes meiner linken Hirnhälfte gut zusprechen, damit mein unergründlicher Hirnschlund mir nicht abgründige Bilder vorgaukeln würde, denn ein Gaukler, derjenige hinter dem Lautsprecher, genügte mir an diesem glühend heißen, noch durch keinen Gewittersturm erlösten Hochsommertag vollkommen. Doch auch das Ausbremsen meiner oft absonderlichen Gedankenströme half nicht, denn als der Ausrufer die näheren Einzelheiten der Zeitsäge anpries, fanden Bildgedanken den Weg zu meinem inneren Auge. Ein Sägefisch erschien, der sich einzig von mit Minuten und Sekunden gemästeten Stunden ernährte und deshalb mit seinem mit Goldschuppen geschmückten Wanst an mein Zeitgefühl anklopfte und dieses dadurch in Schwingung brachte, sodass ich erfüllt von der inneren Unruh, die an eine solche einer Schweizer Präzisionsuhr gemahnte, erfüllt wurde, auf die kleine Bühne sprang, den Anpreiser so fest umarmte, dass die Zeit stillstand, jetzt noch steht und ich im Sekunden-Nirwana stecke, aus dem mich niemand befreien mag. Ich bin, so wird mir jetzt klar, in der heutigen Zeit, in der Gegenwart gestrandet, in der niemand, auch nicht ich selbst, noch über Zeit verfügt.

LEMBACH

Château Fort de Fleckenstein

- Lieu-dit Fleckenstein, +33 3 88 94 28 52
- Boutique, Parking, Restaurant, Accès bus

Eine Schlossanlage, die einen tiefen Eindruck hinterlässt. Von unten her gesehen schauen die Besucher auf einen Burgberg hinauf, auf dem das Schloss errichtet wurde. Fleckenstein ist eine der Pfalzen, die an der heutigen französisch-deutschen Grenze in Sehweite weiterer Reichsburgen steht. Der Eingang der Burg ist in den Fels gehauen. Die hohe Burg erinnert in ihren Umrissen an ein Schiff. Bereits die am Burgsockel befindliche Zisterne ist eindrücklich. Darüber der Brunnenturm und die Überreste des Tretrades, mit dessen Hilfe, angetrieben durch im Rad wie Hamster sich bewegende Dienstboten, das Wasser bis zu den Wohnräumen an der Spitze des Schlosses hinaufgetragen wurde. Der 70 Meter tiefe Brunnenschacht lässt erahnen, was für Mühe zur Sicherung des lebensnotwendigen Nasses getrieben wurde. Heute haben zahlreiche Mauersegler die in den Fels hineingehauenen Räume in Besitz genommen. Allein diese und deren Nester sind eine Natursehenswürdigkeit, die nicht ausgelassen werden darf!

Das Besteigen der Ruine ist bereits der oben zu erblickenden Weitsicht wegen ein Muss! Dort in der Höhe von 30 Metern über dem Einstieg, wo einst die Wohnräume sich befanden, können Überreste der Küche, eines Mörsers, eines Mühlsteins, aber auch des Aussichtspodestes, einer Art kleiner Terrasse, entdeckt werden, bevor der Gang zurück über die langen Treppen mit jeweiligem atemberaubendem Ausblick angetreten werden muss.

DER FERNSEHER

»Du spinnst wohl! Vollkommen zugedröhnt? Was soll das?«, vernehme ich ein Gespräch, das die beiden Jugendlichen beim Eingang zum Schloss miteinander führen.

»Wollen wir wetten? Eine Runde für die nächste

Mega-Party am Samstag? Oder zwei, wenn du so sicher bist«, fährt er fort. »Topp, die Wette gilt«, antwortet der zweite, kleinere, der aber viel muskulöser aussieht. Ich will unbedingt wissen, um was diese Jungs wetten. Interessiert mich brennend! Folge ihnen beim Treppenaufgang. Auf dem Pfad nach oben. Komme außer Atem. Bin nicht mehr 20. Und die legen ein Tempo vor, das sich gewaschen hat! Komme ins Pusten. Der Puls beschleunigt sich. Meine innere Stimme beginnt sich zuerst flüsternd, dann im Tremolo und schließlich im Staccato zu melden: IST ES SO WELTBEWEGEND, DAS ZU WISSEN? Das letzte Wort nur noch gehaucht. Selbst meine innere Stimme ist nun voll außer Atem. Wir kommen endlich (was bin ich froh darüber) zuoberst an. Auf dem Ausguck, der wie ein Schiffskorb das Gemäuer überragt. Früher, im Mittelalter wohl überdacht. Mit Wachen gespickt. Tag und Nacht. Und wehe, wenn einer eingeschlafen ist. Kann mir vorstellen, dass er dann um einen Kopf gekürzt wurde. Oder im Verlies bei Wasser und Brot zu schmachten hatte. Wobei die Quelle bestimmt noch nicht chemisch oder antibiotisch belastet war. Und der Aufenthalt mit dem Kopf noch auf dem Hals trotz allem auszuhalten war. Ob all den Träumereien meiner Zeitreise vergesse ich beinahe das Ziel und den Zweck meines so anstrengenden Höhenlaufs. Die Wette. Spitze wieder die Ohren. Vernehme jetzt erneut die Stimme des Wetten-Vorschlagers: »Sieh dich nur um! Da standen die Fernseher im Mittelalter! Also habe ich gewonnen! Fernseher gab es bereits zu dieser Zeit! Habe ich recht? Gib's zu!« Und der kleinere, muskulösere junge Mann antwortet: »Stimmt! Bloß schlief damals niemand beim Fernsehen ein!« Und ein befreiendes Gelächter beruhigt meinen Herzschlag, macht dieses ob einer solchen Wette leicht.

LICHTENBERG

Château de Lichtenberg

- +33 3 88 89 98 72
- Boutique, Parking, Cafeteria

Foto: CCHLPP – Eric Wilhelmy

Die um 1200 erbaute Burg Lichtenberg zeigt den Besuchern, wie einst Burgleben sich abspielte. Auf einer Erhebung stehend tritt man durch einen Rundbogen in die Burgwelt ein, in der bei kriegerischen Ereignissen die Bevölkerung der umliegenden Dörfer und Städtchen Zuflucht fanden. Die Burg ließ sich bestens verteidigen und bot demnach Schutz vor feindlichen Truppen. Sehenswert ist die gesamte Anlage und insbesondere auch die erhaltene Burgkapelle. Beeindruckend ist die friedliche Stimmung, die sich auf dem Gelände einfindet. Erstaunlich nach der bewegten, gewalttätigen Geschichte der vergangenen Jahrhunderte. Es scheint, als wolle die Anlage mitsamt ihren Naturschönheiten nun endlich friedlich ruhen.

Empfehlenswert ist eine Rast im Gras, um die Stille und den Frieden in großen Schlucken in sich aufzunehmen, die Zeit dazu sollte man sich unbedingt gönnen!

DER STILLE BRUNNEN DES FRIEDENS

Verwunschen liegt er, der Brunnen. Eingebettet in den Felsen. Gähnt in die Tiefe. In die Unendlichkeit des Wassers, das leise gluckst und tröpfelt. Lebensspender, der weit in der Erde liegt. Geheimnisvoll. Kinder anziehend, die Steinchen werfen und dabei laut zählen, um die Unermesslichkeit dabei zu ergründen. Die Unermesslichkeit des Seins. Des Inneren der Erde. Erzählen sich all die Sagen, die den Ziehbrunnen umranken. Dass in ihm ein Brunnengeist sein Unwesen treibe, die einen; die anderen, dass gerade er Unendlichkeit im Glück zu vermitteln wisse. Seit Jahrhunderten haben sich zwei gegenteilige Erzählrichtungen ergeben. Gegenteilige Sagen. Die einen die Hölle beschwörend, die anderen das Himmelreich. Sich dabei bitter bekämpfend, bis hin zu Kontaktverboten, denn der Einfluss des jeweils anders Denkenden würde sich wie Schlangengift verbreiten können, die Moral angreifen, jede Vernunft untergraben. Denn schließlich und endlich sei an keinerlei Annäherung zu denken, der Gegenteiler ein böser Ketzer, der zu verdammen sei. Ja, und dann kam das Jahr der Trockenheit, der Brunnen versiegte. Wollte keinen Tropfen Wasser mehr spenden und es herrschte große Not. Da begannen sich die Parteien gegenseitig zu beschuldigen. Sahen das Austrocknen als Folge der Häresie des anderen. Als Folge davon, dass der Brunnengeist sich die Beleidigung der Verweigerung der Wahrheitserkennung nicht bieten lassen wolle. Sich ob der Kränkung in sich selbst zurückgezogen habe. Nun wurde es ernst. Kriegerische Auseinandersetzungen begannen. Die jeweilige Partei mauerte sich ein. Sorgte dafür, dass jeweils ein Zugang zum Brunnen dabei gesichert war. Opfergaben wurden dem Brunnengeist dargeboten. Fackeln in seinem Schlund entzündet, um dem Brunnen Hoffnung zu verleihen, wieder sein köstliches Nass zu verteilen. Dabei darauf achtend, dass der Feind keinen Vorteil erlangen könne. Bis dann eine wahre Regensintflut ausbrach. Die Flüsse anschwollen. Der Brunnen zum Überlaufen kam und beinahe die Kriegführenden wegschwemmte. Da erkannten diese, dass einzig durch einen gemeinsamen Dammbau das Schlimmste zu verhindern war. Um alsdann, als der Brunnen wieder friedlich plätscherte und die Kinder erneut an ihm spielten, sich zu einigen, dass wie bei Menschen auch der Brunnen seine guten und schlechten, seine friedlichen und wilden Seiten hatte und dass es deshalb sinnlos sei, sich nur dem einen zu verschreiben, dieses zu vergöttern, das andere zu verteufeln!

METZ

Centre Pompidou-Metz

- 1 parvis des Droits de l'Homme, +33 3 87 15 39 39
- Accès en fauteuil roulant, Boutique, Parking, Restaurant, Accès train, Accès bus

Mathias Goeritz, *Pyramides mexicaines*, 1959. Centre Pompidou, Musée national d'art moderne, Paris

Ein besonderes Erlebnis bietet das Centre Pompidou in Metz.

Nur zwei Fußminuten vom Bahnhof Metz entfernt, besticht das Museum mit dem vom japanischen Architekten Shigeru Ban entworfenen Bau, der von einem chinesischen Schloss beeinflusst ist. Beim Besuch nicht zu verpassen ist die Aufzugsfahrt in den 3. Stock der Ausstellungsflächen, von wo Blicke auf die inneren Ausstellungsflächen und deren Exponate sowie auf die faszinierende Holzdeckenkonstruktion des Gebäudes geworfen werden können. Der Trumpf des Museums ist die Zugriffsmöglichkeit auf Tausende von Exponaten des Mutterhauses in Paris. Somit kann das Museum im Jahr immer wieder Wechselausstellungen zeigen, die in viel mehr Ruhe als im hektischen Paris besichtigt werden können. Hier können Ruhe und Stille vor einem Kunstwerk noch so erlebt werden, wie die Kunstschaffenden es sich vorstellen; der Gedankenaustausch mit einem Bild, einer Skulptur ist im Centre Pompidou in Metz im Gegensatz zu von Touristen überfluteten Museen gewährleistet. Alle erklärenden Texte sind in den drei Sprachen Französisch, Deutsch und Englisch verfasst. Zudem, und das ist besonders hervorzuheben, sind alle Museumsmitarbeiter, auch die Aufsichten, jederzeit zu Auskünften und Erklärungen bereit, und zu bestimmten Zeiten werden ohne Voranmeldung Flash-Führungen durchgeführt, bei denen die großen Sonderausstellungen erklärt werden. Eindrücklich ist auch die Orientierung des Museums auf seine jüngsten Besucher. Kunsterklärung und das Heranführen an die bildende Kunst werden beispielhaft gepflegt.

DER GERUCH DER KREATIVITÄT

»Kennst du den Geruch der Kreativität?«, spricht mich der Mann im ersten riesigen Saal des Centre Pompidou an. »Ja, da wirst du mit diesem besonderen Parfum richtiggehend überschüttet, kannst in ihm baden, schwimmen, ganz nach Belieben auch nur plantschen. Ein wahrer Jungbrunnen ist das. Frisch gewagt ist halb gewonnen! Versuch es einfach. Oder möchtest du eine Schwimmhilfe? Einen Rettungsring, der dich im Hier und Jetzt belässt.

Dir keine Flausen in den Kopf setzt. Dich nicht in kreative Himmel unbedacht entfliegen lässt. Wie bei einem Fesselballon, der auch bei starken Aufwinden dich nicht wie ein Kanarienvogel entfliegen lässt?«

Nun, ich gebe es zu. Leichte Angstkräuseleien, die meinen Spinalkanal erobern, schaffen Unsicherheiten. Darf und kann ich mich dem freien Flug der kreativen Gedanken, die hier im Hause wehen, einfach ergeben? Wohin werden diese mich entführen? Und schon bin ich allein mit meinen Gedanken. Abstruse Gebilde erobern mich. Nehmen von mir Besitz. Rufe hilfesuchend nach der Leine. Einklinken, bin angebunden. Nichts Unvorhergesehenes kann mehr geschehen, ich kann nicht mehr in unbekannte, unerhörte, unerforschte Gefilde entfliegen. Sicheren Boden unter den fliegenden Füßen erfühle ich.

Entdecke: Über seinem Pult gebeugt, einen Hügel voller nackter Zahlen vor sich, versucht der Wissenschaftler diese zu bekleiden, ihnen einen Sinn zuzuordnen, das Chaos zu brechen. Jeans oder Anzug? Aber bereits die Geschlechtsbestimmung der Einzelzahlen bietet eine beinahe nicht überspringbare Hürde. Er entscheidet sich also für den dritten Weg: unisex, wobei das bei der geplanten Eheschließung vor dem großen Zahlenmanitu zu erneuten Schwierigkeiten führen wird. Das erkennt der gebeugte Forscher auch an der Reaktion des Zahlenhaufens auf seinem Stehpult bereits beim Gedanken an die Einheitskleidung. Ein extremes Gewusel entsteht, eine Bewegung wie in einem Ameisennest, wenn ein Stöckchen darin wühlt. Es scheint, dass die Zahlensklaven, die weit von der Edelkaste der Primzahlen entfernt sind, die Zahlenbrut in Sicherheit bringen wollen, um zu verhindern, dass ihr wahrer Sinn, ihre kommende Aufgabe, durch nackte Zahlen die Zukunft und erst recht die Ewigkeit aufzuzeigen, durch Kleidung, welcher Art auch immer, verhindert werden könnte. So vermeint der Forscher mit der Nickelbrille und der Nachtmütze auf dem Haupt zu erkennen, dass nackte Zahlen durchaus ihre Bedeutung haben, wenn auch nicht diejenige, die ihm in seinen Entschlüsselungen dienen könnten. Er erkennt einmal für immer, dass die nackten Zahlen ihm auf seinem in Gedanken bereits tausendfach ausgekosteten, ruhmreichen, mit höchsten Wissenschaftspreisen gepflasterten Erfolgspfad im Wege stehen. So beschließt er, sich seiner eigenen Kleidung zu entledigen, denn Negativ mal Negativ muss den unerschütterlichen Regeln der Mathematik folgend zwangsläufig Plus ergeben. Als er nackt den nackten Zahlen gegenübersteht und das noch immer keinen Durchbruch seiner Forschung, seiner Lebensaufgabe ergibt, entledigt er sich von allem, was ihm überflüssig erscheint, schlussendlich auch seiner eigenen Haut, die es nicht mehr zu retten gilt, und tritt den glorreichen Weg in seine eigene Ewigkeit an.

Ist das der Preis der Verweigerung, mich ganz der Kreativität des menschlichen Geistes zu übergeben? Zu hoch, rufe ich den Wolken über meinem Haupte zu. Ich kappe die Leine!

MULHOUSE

Cité de l'Automobile – Musée National – Collection Schlumpf

- 17 rue de la Mertzau, +33 3 89 33 23 23
- Accès en fauteuil roulant, Boutique, Parking, Restaurant, Accès bus

460 Automobile erwarten die Besucherinnen und Besucher in diesem weltgrößten Automobil-Museum! In den riesigen Hallen kann die Automobilgeschichte von den Anfängen über eine beeindruckende Bugatti-Ausstellung bis zur Gegenwart verfolgt werden. So groß ist die Ausstellung, dass eine kleine Ausstellungsbahn auf Wunsch den Betrachtern einen ersten Eindruck vermittelt! Meisterwerke der Automobilgestaltung sind ausgestellt. Nobelkarossen und einfachste Fahrzeuge. Beim Begehen des Museums kommt

man ins Träumen, wird von den Anfängen der Automobilreisen bis hin zur Grand Prix-Atmosphäre geführt. Filme und Audioerklärungen helfen den Betrachtern, in diese Welt einzutauchen, Verständnis für die moderne Geschichte der Mobilität zu erlangen, deren Einmaligkeit und Schönheit zu erfassen. Ein Besuch – auch mit Kindern, denen spezielle Angebote entgegenkommen – ist lehrreich und hilft, mehr über Automobiltechnik und Design zu erfahren!

DIE DROSCHKE

Still steht sie da, die Droschke. Was hatte sie alles erlebt! Ist bestaunt worden. Aller Augen waren auf sie gerichtet, als sie knatternd vorfuhr. In Paris beim Bau des Eiffelturms zur Weltausstellung posierte sie vor dem noch unfertigen Turm, der einst Wahrzeichen dieser Weltstadt werden würde.

Stimmen von Kindern erhoben sich damals: »Mama, wo ist das Pferd?«

»Ein Geisterfahrzeug!«, rief eine alte Dame mit schwarzem Kropfband und engem Korsett aus.

Und als die laute Hupe ertönte, sprangen alle Fußgänger entsetzt davon, nein, stoben wie eine Schar verstörter Tauben auseinander.

Und jetzt steht die Droschke da. Wird nach wie vor bestaunt. Aber die Aufmerksamkeit ist jeweils nur von kurzer Dauer. Und in ihr keimt jeden Tag leise Eifersucht auf ihre Nachkommen auf. All die eleganten Fahrzeuge. Schnittig. Die weit mehr von der Welt sahen als sie. Da beschließt die Droschke eines schönen Frühjahrtages auszubüxen! Will die Welt erneut erobern. Alle Blicke auf sich gerichtet wissen! Minutiös beginnt die Droschke mit der Vorbereitung ihres Fluchtplans.

Erwägt bei einem Korso, an dem sie mitfahren kann, einfach zu fliehen. Das Weite zu suchen. Doch als zu zerbrechlich wird die Droschke eingestuft, darum darf sie nicht mitfahren.

Entschließt sich deshalb an einem Schließtag des Museums zur Tat zu schreiten. Beobachtet die Putzmannschaften, die diesen Tag zur Reinigung nutzen. Sieht in deren Verlassen des Museums eine günstige Möglichkeit. Doch wo den Treibstoff finden, der sie zum Leben erwecken wird? Die Mittagspause der motorisierten Reinigungsmaschine notiert sie minutiös mit ihrem geistigen Auge, dem Scheinwerfer, der unbemerkt jeweils kurz aufblinkt. Und als der Museumsarbeiter die Droschke mit Benzin reinigt, stibitzt sie jeweils einige Tropfen, führt diese in den kleinen Tank. Nach Monaten ist es so weit. Genügend Treibstoff ist vorhanden. Die Droschke lässt den Motor knattern, fährt an den wie versteinert blickenden Putz- und Wachmannschaften vorbei, hinaus durch das große Tor. Und tatsächlich: Alle Blicke sind nur auf sie gerichtet, als sie durch die Straßen der Stadt Mulhouse mit einer ihr halsbrecherisch vorkommenden Geschwindigkeit von 20 km/h fährt, dann den Autobahnschildern folgt, dort einen Riesenstau verursacht, aber unverdrossen weiterfährt. Danach verliert sich dann ihre Spur.

Falls Sie, liebe Leserin, lieber Leser, die Droschke erblicken, ist, bitte sehr, eine Mitteilung per Mail, SMS, WhatsApp oder wie auch immer ans Museum erbeten.

Als Finderlohn ist eine virtuelle Fahrt auf der eingefangenen, dann zur Fahruntüchtigkeit verurteilten und felsenfest angeketteten Droschke ausgelobt!

MULHOUSE

Cité du Train – Patrimoine SNCF

- Adapté aux familles
- 2 rue Alfred de Glehn, +33 3 89 42 83 33
- Accès en fauteuil roulant, Boutique, Parking, Restaurant, Accès train, Accès bus

Foto: Cité du Train – Patrimoine SNCF | © Nicolas Muguet

Dieses Museum ist ein Muss für Eisenbahnliebhaber. Denn wo sonst kann man den Salonwagen mit Wohn-, Ess-, und Schlafzimmer einer Duchesse bewundern (der 1894 geplant und gebaut wurde)? Oder den Befehlswagen von General Foch, eine Riesenkanone, bei der ein Eisenbahnwagen als Untergestell diente? Überhaupt ist hier eine der reichhaltigsten Lokomotiven- und Bahnwagensammlungen Europas zu bewundern. Von den Anfängen der Bahntechnik 1844 über Lokomotiven mit Deichseln, die Pferdewagen nachgebildet sind, über die Capton Dampflokomotive 1852 Paris-Strasbourg bis hin zur 1902 gebauten Elektro Automotive ist eine beeindruckende Dichte an Bahngeschichte zu besichtigen. Nostalgiegefühle kommen beim Besuch der Trans Europe Express Ausstellung auf, bei der TEE-Romantik sowie mit verschiedenen Stromsystemen ausgerüstete Kompositionen – eine Pionierleistung des Europäischen Bahnverbunds – zu bewundern sind. Mit Erstaunen können zudem die Klassenunterschiede der Bahnwagenausstattungen, von der äußerst luxuriösen 1. Klasse mit Perserteppichen, zur recht komfortablen 2. Klasse, bis hin zu einfachsten Ausstattungen der 3. Klasse, die zum Teil in umgebauten Güterwagen auf die Mühseligkeit des Reisens aufmerksam machen, bestaunt werden. Imposant und sehenswert ist zudem die riesige Modellbahnanlage, die in ihrer Wirklichkeitsnachahmung beeindruckt!

DIE ERSTE BAHNFAHRT

»Ich bitte dich«, sagt die betagte Mutter zu ihrer Tochter, deren sieben Kinder teilweise schon in der Familiensägerei mitarbeiten, »mach das nicht! Bring uns nicht alle ins Unglück! Du weißt, wie gefährlich Bahnfahren ist! Gesundheitsschädigend! Denk nur an die Geschwindigkeit! 30, gar 40 km/h! Verrückt! Das wird Folgen für dich haben. Kaum wirst du ein solches Abenteuer lebend überstehen. Wenn du in die Stadt willst, nimm doch die Postkutsche. Die ist sicher. Und Hans der Kutscher ist ein Meister seines Fachs, da musst du dich nicht ängstigen. Denk an uns. An die Kinder. An deinen Mann! Wie soll er ohne dich leben können. Und ich, ich kann deinen Platz nicht einnehmen. Zu alt. Die Gicht, die mich plagt. Mein

Rücken. Selbst vor einer Kutschenfahrt auch mit Hans fürchte ich mich!!«

»Ach Mama«, erwidert die Tochter, »du dramatisierst. Ist doch halb so schlimm. Und die Gesundheitsgefährdung ist nicht erwiesen. Fenster schützen doch vor Zugluft. Selbst du könntest gefahrlos mit der Bahn fahren! Lass doch die Unkenrufe, bist doch noch nicht eine alte Frau, die ständig nur klagen muss. Bitte, Mama, male nicht den Teufel an die Wand. Ich flehe dich an! Mein Mann wäre schwer enttäuscht, wenn ich ihn auf dieser Eröffnungsfahrt nicht begleiten würde. Willst du das? Lass dich von all den Gerüchten, die herumgeboten werden, nicht in die Irre führen!«

»Wo Rauch ist, ist auch Feuer«, und die Mutter erhebt dabei den Drohfinger. »Fordere das Schicksal nicht heraus, ich werde mich um das Wohl der Familie aufopfern, an deiner Stelle die Bahnfahrt unternehmen. Mich der Gesundheitsgefährdung aussetzen. Sterben. Aber als alte Frau bin ich ja sowieso nicht weit davon entfernt. Dir verbiete ich die Fahrt, auch wenn du noch so darum betteln wirst. Schluss und basta.«

Die Tochter verlässt die Küche in Tränen aufgelöst, denkt: Wann werde ich selbst entscheiden können? Stets diese Gebote und Verbote der Mutter und des Ehemanns. Ach, würde die Frau doch frei sein, aber das ist ein ferner Traum …

Zwei Tage später in der Küche. Die Mutter kommt mit geröteten Wangen ganz aufgeregt in den Raum, in dem die Tochter mit der Zubereitung der schmackhaften Mahlzeit beschäftigt ist, deren Gerüche bereits durch das ganze Haus schweben.

»Du kannst dir nicht vorstellen, wie aufregend die Fahrt war«, beginnt die Mutter zu erzählen, »wir fuhren, ich und mein tüchtiger Sohn, mit der Kutsche, natürlich von Hans gesteuert, zum Platz, der jetzt Bahnhof heißt, wo sich bereits eine stattliche Menge Menschen versammelt hatte. Aber nur wir, die eine Fahrkarte erworben hatten, mein tüchtiger Sohn hat das bewerkstelligt, durften durch den von den Bahnpolizisten bewachten Zugang hindurch. Und dann standen wir vor so umgebauten Kutschenwagen, die aber zahlreiche Türen aufwiesen, alle angeschrieben mit verschiedenen Klassen. Die Honoratioren stiegen in die 1. Klasse, deren Boden mit wertvollen Perserteppichen bedeckt ist, ein. Wir in ein Abteil der 2. Klasse, das bequem ausgestattet war, und die einfachen Leute pferchten sich in 3.-Klasse-Abteile. Und da, ein Mark und Bein durchströmender Pfiff, ein Ruckeln und Zuckeln, ein Hin- und Herwiegen, ich hatte fürchterliche Angst, der Wagen würde kippen und wir herausgeschleudert werden, doch das Ding bewegte sich wirklich vorwärts. Eine schwarze Rauchfahne, die über uns und an den Fenstern vorbeizog, schien darauf hinzuweisen, dass der Zug bereits in vollem Feuer stand! Ich erwartete, von der Feuerwehr gerettet zu werden, doch mein Sohn beruhigte mich, hielt mir die Hand und behauptete, der Rauch stamme aus der Lokomotive, die von Heizern kräftig befeuert würde, um Kraft auf die Räder und Schienen zu bringen. Also von solch modernen Dingen verstehe ich nichts, auch wenn diese erklärt werden. Sei es wie es sei, immer schneller zogen Bäume, Wiesen und Felder an den Fenstern vorbei, ich fürchtete die Geschwindigkeit, doch nichts geschah. Da wurde die Fahrt bereits langsamer. Erneute Pfiffe. Und ein Bremsen, bis wir wieder in eine Halle einfuhren, die sich Hauptbahnhof nennt, gedeckt ist und entsetzlich nach Rauch und Kohle riecht. Dort ertönte laute Marschmusik. Fahnendelegationen und Musikcorps in glänzenden Uniformen warteten auf uns. Wir wurden gebeten auszusteigen, um anderen Gästen unsere

Plätze abzugeben, die dann zurück fahren durften. War ich froh, aus diesem Teufelsding zu steigen. Habe mich gerne für dich geopfert …«

MULHOUSE

Musée Electropolis

- Adapté aux familles
- 55 rue du Pâturage, +33 3 89 32 48 50
- Accès en fauteuil roulant, Boutique, Parking, Accès Tram

Internationale Ausstellung über Elektrizität,
Paris 1937, mit Zeusstatue

Vom Blitz bis zur Steckdose – die Geschichte der Elektrizität wird in diesem Museum leicht verständlich dargebracht. Der Einstieg erfolgt durch ein geführtes Labyrinth, in dem den Besuchern die verschiedenen Stufen der Elektrizitätsgewinnung aufgezeigt werden. Wie musste der Urmensch sich vor Blitzschlag gefürchtet haben, bis er daraus Nutzen durch das Feuer gewinnen konnte! Erst nach Tausenden von Jahren gelang es dann kreativen und klugen Köpfen, die Elektrizität für den Menschen nutzbar zu machen. Alles begann mit dem Erforschen und Entdecken der statischen Elektrizität, die im Museum auf eindrückliche Weise in Live-Vorführungen demonstriert wird. Dann folgt eine Sammlung historischer elektrischer Geräte. Die Telefongeschichte wird anhand der historischen, aber auch von modernen Geräten veranschaulicht. Doch auch die elektrischen Haushaltshelfer – es ist kaum vorstellbar, wie man einst ohne solche auskommen konnte – werden hautnah vorgeführt. Eindrücklich ist die Entwicklung des Lichts, von Edison über alle Glühlampen bis zur Weltausstellung der Elektrizität 1881 in Paris, gefolgt vom Fest des Lichts mit einer Scheinwerferparade 1889 auf der Weltausstellung in Paris. Erzählt wird auch der Wettlauf zwischen Galvani und Volta, der dann mit der Volta-Säule, der ersten Batterie 1799 zum Abschluss kam. Kaum vorstellbar, ohne sie gesehen zu haben, ist die restaurierte, über vier Stockwerke reichende Sulzer-BBC Maschine!

Da Elektrizität, gewonnen über Solaranlagen, Windkraftwerken und neue Batterietechnik, die Zukunft unserer Leben stark mitgestalten wird, sind Kenntnisse über Elektrizität, ihre Produktion und Nutzung für jeden modernen Menschen von großer Bedeutung und damit der Besuch im Electropolis Museum in Mulhouse höchst empfehlenswert!

DER BLITZ UND DAS MÄDCHEN

Stockdunkle Nacht! In ihrer Höhle schlummern die Höhlenbewohner eng aneinandergepresst, um nicht zu frieren. Die Großfamilie, bestehend aus drei Generationen, hat einen entbehrungsreichen Winter hinter sich. Bei der Jagd sind drei Stammmitglieder durch ein Mammut, das sie erlegen wollten, zu Tode getrampelt worden. Das Mädchen, der zweitjüngste Spross der Familie, hat damals ihren Lieblingsbruder, den sie so verehrte, verloren. Hat tagelang geweint. Monatelang getrauert. Alle Aufmunterungen des Clans halfen nicht, sie zu ihrem alten heiteren Wesen zurückzuführen. In jener Nacht, als alle eng aneinandergekuschelt Schlaf fanden, wacht sie mitten in der vollkommenen Dunkelheit auf. Ein weitläufiges Grollen hat sie geweckt. Ein Grollen, das sie als Ärger der Götter interpretiert. Sie hofft, durch einen Tanz vor dem Höhleneingang, wie von einer ihrer Urahninnen überliefert, diese zu beschwichtigen. Im Klang des Windes beginnt sie rhythmisch ihre Beine und Arme zu bewegen. Wirft den Kopf gen Himmel, dass ihr Haar nur so fliegt. Doch scheint der Tanz die Gottheiten nicht zu beruhigen, vielmehr diese anzuziehen, denn Wetterleuchten durchzieht die Wolkendecke und aus dem fernen Grollen wird dumpfes Getöse, das in der Schlucht, in der die Höhle sich befindet, hundertfaches Echo erzeugt. Das Mädchen nimmt das als Zeichen der Gottheiten hin, dass ihr Tanz nicht genügt, nicht gefällt. So beschleunigt sie ihre Bewegungen um ein Vielfaches, kommt gänzlich außer Atem, bis sie entkräftet im feuchten Moos liegt, die Augen an die schnell vorbeiziehenden Wolken geheftet. Und da, ein blendendes Licht, begleitet von einem ohrenbetäubenden Knall, der das Mädchen an den Rand der Bewusstlosigkeit bringt. Gleich darauf lodert an einem dürren Baum Feuer auf. Das Mädchen steht auf, rennt in die Richtung des brennenden Baums, fühlt die Wärme, die davon ausgeht, hält beide Hände in dessen Richtung, wärmt diese, die beinahe gefühllos sind, auf. Da beginnt ein wahrer Wolkenbruch, der Himmel öffnet seine

Schleusen. Der Baum zischt. Das Mädchen fasst das eine Ende des dürren Asts, rennt mit diesem, der noch hell lodert, zur Höhle hin, deren Inneres nun plötzlich hell wird, was den Clan schlagartig auf die Beine bringt. Alle starren auf die Flammen. Wärmen sich dabei auf. Das Mädchen begibt sich nochmals nach außen, holt einen dürren Ast, der unter einem der Höhle vorgelagerten überhängenden Felssprung liegt, zerrt diesen ins Innere, legt ihn auf den entflammten Baum. Und so wird das Mädchen zur Hüterin des Feuers, das durch statische Elektrizität zufällig erzeugt und eingefangen wurde. Die Himmelsgabe, den Menschen durch die Götter der Nacht und der Wolken dank dem Tanz der jetzt bereits alten Frau geschenkt, wird der größte Schatz des Clans. Tag für Tag, Nacht für Nacht verlangt die gezähmte Gottheit Futter, das von der Gruppe gesammelt wird. Die Kenntnisse des Feuers werden über Generationen weitergegeben. Verfeinert. Immer besser genutzt. Doch die Zähmung des Feuerursprungs, das Entdecken des Wunders der Elektrizität erfolgt erst viele Jahrtausende später und revolutioniert die ganze menschliche Gesellschaft, bringt Vereinfachungen des Lebens und wird zur Fee der Menschheit und auch so benannt, denn wer kann sich ein Leben ohne Strom, ohne die Segnungen seiner Fortschritte vorstellen? Versuchen Sie doch dieses Szenario einmal sich vorzustellen. Ein Leben ohne Elektrizität, ohne Strom, ohne künstliches Licht, ja ohne Feuer. Die Steinzeit käme schlagartig wieder zurück, finge uns mit ihren eiskalten Kraken-Armen unvermittelt wieder ein!

ORNANS

Musée Courbet

- Place Robert Fernier, +33 3 81 86 22 88
- Accès en fauteuil roulant, Boutique, Restaurant, Accès bus

© Yves Petit

Durch Landschaften wie Gemälde, durch lichte Wälder, tiefe Täler, sprudelnde Bäche führt die Straße in den Geburtsort des Malers Gustave Courbet (1819–1877). Nach Ornans. In einem lichten Gebäude, gleich am Fluss, der durch das Städtchen fließt, schreitet man zum Einstimmen über einen Glasboden in die Ausstellungsräume mit den so eindrücklichen Werken des Malers, der internationalen Ruhm erlangte. War er in jungen Jahren, sprich 1848, als Revolutionär für einen liberalen Staat auf die Barrikaden gestiegen, so musste er in späteren Jahren in die Schweiz fliehen, wo er zahlreiche großartige Naturgemälde schuf. Kaum einem anderen Meister gelang das Einfangen von Naturstimmungen wie ihm. Und da! Ein Bild fesselt mich, lässt mich träumen. In ihm sind so zahlreiche Gefühle verinnerlicht, dass ich von diesem Sonnenuntergang nicht mehr loskomme. Setze mich davor und versinke in diesem spazierend in den Tiefen des künstlerischen Ausdrucks.

DER SONNENUNTERGANG

Lac Léman! Die Abendstimmung! Die Farben! Die letzten Sonnenstrahlen. Ein Tag ist am Vergehen. Nicht loslassen will ich ihn. Nicht verlassen. Wie nur kann ich verhindern, dass die Zeit fortschreitet. In Riesenschritten. Schritten, die die menschliche Vorstellungskraft – ebenso wie dieses Landschaftsgemälde – beinahe überfordern. Neben der Signatur des Meisters steige ich auf den letzten Buchstaben, das kleine t des Namens Courbet. Denn von einem höheren Punkt aus kann ich den Untergang, die märchenhafte Farbenpracht ein zweites Mal erleben. Und tatsächlich, das Licht wird etwas heller. Einmalig ist der Anblick erneut. Und dann hebe ich ab. Stelle fest, dass mein Puppungsstadium sich wandelt, Flügel wachsen mir. Schmetterlingsflügel! Ich steige hoch. Steige zu den Wolken. Setze mich dort auf eine bereits rötlich gefärbte. Und kaum zu glauben, die Sonne geht nicht unter! Sie steigt mit mir. Färbt sich in gelbliche Töne. Ein neuer Sonnenaufgang. Ein neuer Tag? Die Fische im See springen der Sonne entgegen. Laden mich ein zum Sonnenball. Ich falle ihnen entgegen. Erneut rötet sich der Himmel. Ich versuche die Anzahl der Farbtöne auf dem Gemälde zu zählen. Unendlich, unendlich, denken meine farbigen Flügel und werden erfüllt vom Erlebnis. Meinem ersten Erlebnis der Unendlichkeit in der Endlichkeit, das mich erfüllt, meinen Körper, der nun wieder in seine ursprüngliche Gestalt sich wandelt, erzittern lässt, denn jetzt erkenne ich, dass nach der Endlichkeit der Zeit eine farbige Zukunft sich eröffnet. Eine Zukunft der Freiheit. Der Freiheit des Individuums, das nicht von der Gesellschaft geknechtet wird. Das nicht in die Skandalecke gedrängt wird durch die Hüter der Moral, die ihrer Polizeifunktion so sicher sind wie des Amens in der Kirche! Ein Beispiel gefällig?

»L'origine du monde«, dieses von Courbet geschaffene Bild, das eine weibliche Gestalt in biologischer Exaktheit zeigt und einen Skandal hervorrief, der dem Künstler Weltruhm einbrachte. Courbet nutzte die Prüderie seiner Zeit aus, um zu schockieren. Er blieb denn auch skandalumwittert. Gar bis in die Mitte des letzten Jahrhunderts. Noch nach 1950 berichten pubertierende Jungen davon, wie sie sich in die Ausstellung eingeschlichen haben, bei der dieses schamhafte – oder schamlose? – Gemälde hinter Vorhängen verdeckt gezeigt wurde. Ja, damals lebte die Menschheit noch mehrheitlich auf einem anderen Planeten als heute. Einem Planeten, der jeden Tag im Abendrot erstrahlte, wenn auch manchmal nur in den Gesichtern ertappter Jugendlicher, denen das Rot nur so über die picklige Gesichtshaut wanderte …

PFAFFENHOFFEN

Musée de l'image Populaire de Pfaffenhoffen

- 24 rue du Dr. Albert Schweitzer, +33 3 88 07 80 05
- Accès en fauteuil roulant, Boutique

Wer das Elsass und dessen Landleben kennen lernen will, sollte das Musée de l'image populaire in Pfaffenhoffen aufsuchen. In ihm werden mit Schwerpunkt 19. Jahrhundert einzigartige Objekte der Volkskunst gezeigt. Ein Beispiel unter vielen: Die Tauf-, Hochzeits- und Leichenzettel sind ein Panoptikum dessen, was in den Familien stattfand, und ein Spiegel der elsässischen Volkskultur. Die kunstvollen Taufzettel, die den neugeborenen Kindern zu Eigentum übergeben wurden, meist mit einer Münze in Gold aufgewertet, zeugen von geduldiger und künstlerischer Arbeit, konnten diese doch auch so zusammengefaltet werden, dass sie über die Jahrzehnte des Erwachsenwerdens eines Menschen in Farbe und Form bewahrt und jetzt der Nachwelt im Museum präsentiert werden. Die Hochzeitszettel, meist mit religiösem Inhalt, zeigen die Freude des Anlasses und die Hoffnung auf gutes Gelingen der Ehe. Das Brautpaar bewahrte die Hochzeitszettel, die oft in schwarz gehalten wurden – schwarz war damals die Modefarbe –, bis zum Ableben meist in der guten Stube auf. Im Museum sind auch solche nachgebauten Stuben zu besichtigen. Die Leichenzettel zeichnen ein Leben nach und sind so kunstvoll gestaltet wie die Taufzettel! Eine Besonderheit sind die Aushebungs-Lotterie-Zettel, die in Erinnerung derer, die zwangsweise in die französische Armee rekrutiert wurden, samt Losnummer ausgefertigt wurden. Welche Schicksale damit verbunden waren, können die Besucher sich in ihrer Fantasie ausdenken. Jedenfalls ist das Verweilen über Stunden in diesem der Volkskunst gewidmeten Haus ein spannendes und lehrreiches Abenteuer, in dem die Minuten nur so verfliegen!

DAS SMS-MUSEUM

In den 20er Jahren des 21. Jahrhunderts haben sich immer mehr Menschenkinder und nicht nur diese von der SMS-Kultur abgewandt. Zwar hatte diese die Sprache prächtig umgekrempelt, neu aufgefädelt, wie bei einem verkehrten Paar Socken das Äußere nach innen gekehrt, die innere Stickerei dabei getreidelt, als sei die Sprache ein sinkendes Schiff mitten im Ozean, den kein Treidelpfad einsäumt. Und es war keine Rettung durch Overlock-Künste welcher Art auch immer abzusehen. So war es eine tatsächliche Heldentat, als in einem kleinen Flecken, der keinen Schmutz ansetzte, ja ganz im Gegenteil von Sauberkeit geradezu strotzte, das weltweit erste SMS-Museum errichtet wurde, in dem diese so verpönte Sprache der Welt erhalten und kommenden Generationen nähergebracht werden sollte. Triumphierend stellte die Bürgermeisterin dem gesamten Gemeinderat, bestehend aus zwei Mitgliedern, und der Bevölkerung des Fleckens von siebzehn Einwohnerinnen und Einwohnern die Vorzüge des neuen Museums vor: lukrative Touristenströme seien zu erwarten und die Finanzen würden keineswegs aus dem Gleichgewicht, geschweige denn in unerhörte Defizitabgründe, gerissen werden, denn das SMS-Museum fand in einem alten, fälschlicherweise im Müll entsorgten und dort erretteten iPhone 10 Platz ...

REMIREMONT

Musées Charles de Bruyères et Charles Friry

- Adapté aux familles
- 1 rue Paul Doumer / 12 rue Général Humbert, +33 3 29 62 59 14 / +33 3 29 62 59 13
- Accès train

Foto: Ville de Remiremont

Im kleinen lothringischen Städtchen Remiremont gibt es gleich zwei Museen, die von der Geschichte des Ortes und seiner Umgebung berichten.

Das ältere ist das Museum Charles Friry im Kanonischen Haus, das im 18. Jahrhundert errichtet wurde und dem Kapitel der adligen Damen von Remiremont gewidmet war. Im Jahr 1833 übernahm der damals junge Magistrat Charles Friry das Haus. Er selbst, mit zahlreichen Talenten gesegnet, Kunstkenner, Kunstliebhaber und selber Künstler, baute eine beträchtliche Sammlung von Gemälden und Antiquitäten auf, die dann durch die Werke seines Enkels Pierre Waidmann ergänzt wurde. Dadurch ist eine bemerkenswerte Sammlung, ein kultureller Spiegel der Region vom 13. bis zum 18. Jahrhundert entstanden. Ein herausragendes Gemälde des Museums ist zweifellos »Der alte Mann mit der Satteltasche« von Georges de La Tour. Zudem ergänzen moderne Kunstwerke und Stiche aus dem 19. und 20. Jahrhundert, u.a. von Francisco de Goya, die sehenswerte Sammlung des Museums Charles Friry, das sich seit 1985 im Stadtbesitz befindet.

Das zweite Museum ist durch das Legat des Namensgebers Charles de Bruyères im Jahre 1905 entstanden. Es zeigt Gemälde, Fayence, bemerkenswerte Émile Gallé-Vasen und vieles mehr, das meiste aus Lothringen stammend. Darunter auch wundervolle Skulpturen aus Klöstern. Eine Besonderheit stellen die zahlreichen meist von Nonnen erstellten 3D-Bilder religiösen Inhalts dar. Nachgebildete Szenen aus der Bibel oder aus Heiligengeschichten zeugen vom tief ergriffenen naiven Glauben, der durch diese wohl Hunderte von Stunden fordernde Handarbeit zum Ausdruck gelangte. Die kleinen Räume des Museums lassen die Besucher eine Zeitreise in die Vergangenheit unternehmen.

DER RAHMEN, DER AUS DEM RAHMEN FIEL

Was für eine Kunstfertigkeit wurde früher auf die Rahmen verwendet. Einer verzierter als der andere. Vergoldetes Holz. Schnitzereien. Gold! Eine wahre Freude des Betrachtens. Doch wie die Welt sich so verhält, kaum einer der Besucherinnen und Besucher vertieft sich in die Rahmen. Den Rahmen wird nicht einmal je eine Rahmenveranstaltung gewidmet sein. Es brummen jeder für sich die Rahmen, während sie durch kunstvolle Beleuchtung angeschienen werden, täglich: ungerecht, ungerecht und nochmals ungerecht. Doch ein noch nicht in die Jahre gekommener junger Rahmen, der einfach und ohne Gold gestaltet ist, bereits seit er im Museum hängt, voller Neidgefühle den herrlichen Exemplaren gegenüber, schlägt vor, sich gegen die Ungerechtigkeiten zur Wehr zu setzen. Mit kraftvollen Ausdrücken und jetzt nicht mehr flüsternd setzt er einen Rat, dem nur er angehört, zur Verfolgung der kommenden Schritte ein. Weist darauf hin, dass es in der Geschichte der Kunst bereits beste Beispiele gebe, gegen scheinbar Unveränderliches aufzustehen, Gerechtigkeit herzustellen. Er wolle einzig als Beispiel den Bildersturm nennen, der so erfolgreich in der damaligen Zeit gewesen sei. Er rufe zur Rahmenrevolution auf, denn es sei aus dem Rahmen zu fahren, wenn jetzt nicht unmittelbar gehandelt werden könne. Und so fiel er als Erster aus seinem Rahmen, krachte auf den Boden, Scherben hinter sich lassend, um von der Rahmengemeinde alsdann milde belächelt und als in die Rahmengeschichte eingegangener, jedoch dadurch zerstörter Heißsporn bemitleidet zu werden.

SAINT-DIÉ-DES-VOSGES

Musée Pierre-Noël

- Adapté aux familles
- 11 rue Saint-Charles, +33 3 29 51 60 35
- Accès en fauteuil roulant, Boutique, Parking, Accès train

Foto: Musée Pierre-Noël / K. Laine

Musée Pierre-Noël (1977), Architekt Aldo Travaglini; Kolonnade des ehemaligen bischöflichen Palastes (18. Jahrhundert), Architekt Jean-Michel Carbonnar

Im Städtchen Saint Dié, das im Zweiten Weltkrieg sehr gelitten hat und dessen eindrücklich aus den Trümmern wiederaufgebaute Kathedrale sehenswert ist, befindet sich in unmittelbarer Nachbarschaft zu dieser das Musée Pierre-Noël, das nicht mit Weihnachtstraditionen in Zusammenhang steht, sondern den Erbauer und Stifter mit Namen Pierre Noël damit ehrt. Neu eröffnet wurde das Museum

1977. Den Zweiten Weltkrieg haben nur wenige Stücke überstanden, doch durch Schenkungen und Sammlungen der Bürgerschaft konnte erneut eine beachtenswerte Fülle an Exponaten aufgebaut werden. So befindet sich in ihm eine reiche Sammlung der Archäologie von keltischen und römischen Funden aus dem 1. und 4. Jh. n. Chr., die in der Nähe von Saint Dié in den 60er Jahren des letzten Jahrhunderts ausgegraben wurden. Le Corbusier wurde nach der Zerstörung großer Teile der Stadt angefragt, ob er einen Plan zum Wiederaufbau eines zerstörten Fabrikgeländes entwickeln würde. So entstand das einzige Industriegebäude, das der weltberühmte Architekt entworfen hat. Seit 2016 gehört es zum Weltkulturerbe der UNESCO; die Pläne und zahlreiche Bilder und Zeichnungen von Le Corbusier sind im Museum zu sehen. Ebenfalls sehenswert sind die Sammlung lokaler Künstler wie auch Werke von Léger, Dali und Tanguy. In der Abteilung Naturkunde wird die Vogelwelt Europas auf eindrückliche Weise dargestellt und auf die Gefahr des Aussterbens bestimmter Vogelarten hingewiesen. Ein weiterer Teil des Museums ist dem Abgeordneten Ferry gewidmet, der in Frankreich die allgemeine Schulpflicht per Gesetz in der Nationalversammlung einbrachte und durchsetze. Im Untergeschoss ist eine bedeutende militärhistorische Sammlung ausgestellt, von deutschen Befehlen gegen die Bevölkerung bis hin zu historischen Uniformen und Waffen können die Besucher sich ein Bild über die Zeit europäischer kriegerischer Ereignisse machen. Vor dem Museum steht eine beeindruckende 700-jährige Linde, der alle, auch die schrecklichen Zeitläufte nichts anhaben konnten!

INTERVIEW MIT DER 700-JÄHRIGEN LINDE, GEFÜHRT DURCH DEN DER BAUMSPRACHE MÄCHTIGEN DOKTOR ARBUS

A: Guten Tag, oder soll ich lieber gutes Jahr sagen?

L: Wie Sie wünschen. Es stimmt zwar, dass bei mir Tage sich bald anfühlen wie Jahre ... Verständlich oder nicht?

A: Ja. Verständlich! Muss ich »Sie« oder darf ich dir »Du« sagen?

L: Klar, nach dem, was ich alles in den 700 Jahren erlebt und gesehen habe, kannst du auf Höflichkeitsfloskeln verzichten.

A: Kannst du uns die Quintessenz aus deinen Erlebnissen geben? Du musst wissen, dass die heutige Zeit auf Kurzformenkommunikation eingerichtet ist ...

L: Klar! Habe ich bemerkt. Passt. Ja, Beschränktheit muss sich ja beschränken!

A: Was verstehst du unter dem Wort Beschränktheit?

L: Was ihr Menschen so über die Jahrhunderte treibt!

A: Was verstehst du darunter?

L: Wenn du so alt wärest wie ich, würdest du nicht so fragen. Oder anders ausgedrückt, deine Frage zeigt die Beschränktheit. Oh jeeeh, ich habe die 160 Zeichen von SMS-Botschaften überschritten, bleibt aber der Tweet, der hat doch 320 Zeichen, ist immer noch kurz! Uff!

A: Ich wüsste es für meine Leserschaft trotzdem gerne. Kurz und bündig!

L: Gut: Kriege, Aggressionen, wie ihr euch untereinander verhaltet. Eure Lebensgrundlage zerstört. Auch meine. Das meine ich.

A: Ich danke dir, aufrechte Linde, wir wünschen dir weitere 700 Jahre glückliches Leben mit viel CO_2, das wir ja, wenn auch nicht explizit, für euch produzieren.

L: Zu viel des Guten ist die Mutter des Schlechten, sagte bereits mein Urahn in eurem von euch verehrten Paradies …

A: Auch zu viel CO_2?

L: Ja genau! Und ehrlich gesagt zweifeln wir alle an eurer Fähigkeit, Tatsachen einzusehen. Ihr habt früher viele Kriege geführt und andere Menschen, das berichten meine Verwandten aus der Ferne, führen diese auch weiterhin. Menschen greifen nach der Macht! Weshalb macht ihr es nicht so, wie wir es machen? Ob groß oder klein. Wir Bäume handeln einfach so: Wir leben. Zwar stets an der gleichen Stelle. Beobachten, wie ihr den Weg beschreitet, der nicht weiterführt. Nicht seht, dass es der Holzweg ist. Gesäumt von Bäumen.

A: Hast du einen Wunsch, den ich dir erfüllen könnte?

L: Ja, geh mir aus der Sonne, was bereits ein Philosoph vor langer Zeit sich wünschte, aber gelernt hat die Menschheit daraus nicht. Schade, sonst könnten wir friedlich in Symbiose miteinander leben!

SAINT-LOUIS

Fondation Fernet-Branca

- Adapté aux familles
- 2 rue du Ballon, +33 3 89 69 10 77
- Accès en fauteuil roulant, Boutique, Parking, Restaurant, Accès train, Accès bus

Foto: © Olivier Perrenoud

Blick in die Ausstellung »Eine unendliche Welt: Schamanen-Künstler rund um eine Sammlung aus dem Himalaya«, 17. Oktober 2020 bis 10. Januar 2021

Dieses weithin bekannte Museum für moderne Kunst, das pro Jahr drei Ausstellungen internationaler Künstlerinnen und Künstler ausrichtet, befindet sich in der ehemaligen Brennerei des Hauses Fernet Branca, einer italienischen Firma, die ein besonderen Digestiv aus verschiedensten Kräutern herstellt. Die 1909 eröffnete Fabrikationsanlage, die insbesondere den deutschen Markt bediente, wurde im Jahr 2000 eingestellt, wonach die Räume in ein Museum umgestaltet wurden, das im Jahr 2004 als Museum Fondation Fernet Branca eröffnet wurde. Bereits beim Betreten der lichtdurchfluteten Räume umgibt die Besucher ein kreativer Hauch! Die neun in strahlendem Weiß gestrichenen Ausstellungsräume, alle um den Innenhof des Gebäudes gruppiert, erlauben dank ihrer Großzügigkeit die Präsentation auch überdimensionaler Werke und gewähren die notwendigen Blickabstände, um die Objekte ins richtige Licht zu rücken. Aufgrund der sehr geschickten Auswahl der Künstler und Künstlerinnen kann ein Überblick über das Kunstschaffen unserer Zeit und der Region gewonnen werden. Besonders sympathisch sind die Aktivitäten für Kinder und Jugendliche, die jeden Mittwoch in Form von Workshops durchgeführt werden. Es ist ein großes Verdienst dieses Museums, die jüngste Generation zur Kunst- und Kreativitätsförderung zu führen. Das Museum kann zudem für Kindergeburtstagsevents gebucht werden, was neben einem spannenden Nachmittag einen bedeutenden erzieherischen Wert darstellt! Ein ideales Geschenk für Großeltern und Verwandte, das einen bleibenden Wert hinterlässt – nicht wie ein industrielles Spielzeug, das innerhalb weniger Tage verblasst!

DER TRENDSETTER

Die Ausstellung wurde seit beinahe zwei Monaten, um genau zu sein: seit sieben Wochen und sechs Tagen aufwändig beworben. In Zeitungen. In Magazinen. Im lokalen Fernsehen. Im Lokalradio. Einfach auf jede erdenkliche Art. Selbst Bierdeckel wurden davon nicht verschont. Auch ich wurde von diesem Virus angesteckt.

Freute mich nun endlich, wie ein Hauptstädter wieder über Trends mitreden zu können. Wenigstens nach dem Besuch der angekündigten Ausstellung. Meinem Hinterwäldler-Dasein Valet sagen zu können. Nicht immer in Gesprächen mit Weitgereisten belächelt zu werden! Begann eine Woche vor dem großen Ereignis der Eröffnung der Schau die Tage zu zählen. Beinahe wie ein Kind die Tage vor Weihnachten oder seinem Geburtstag abhakt. Besonders freute ich mich, dass ich als beinahe schon dinosaurisches einstiges Mitglied des Gemeindeparlaments – das lag allerdings bereits 25 Jahre zurück – zur Eröffnung eingeladen worden war. Eine seltene Ehrung eines weit in den 80ern stehenden und bereits leicht abgehängten Seniors. So mache ich mich am heutigen Samstag auf den für mich beschwerlichen Fußweg zu den Messehallen. Erlebe dort bei meiner Ankunft ein für mein Alter ungesundes Gedränge. Hinz und Kunz scheinen zur Trendsetter-Show eingeladen worden zu sein. Mir scheint es, dass das gesamte Städtchen anwesend ist. Selbst die zwei Ortspolizisten, die vergeblich für Ordnung zu sorgen versuchen und verloren in der Menge wirken, sind anwesend, obwohl doch der eine bestimmt Nachtschicht zu verrichten hat. Auch die gesamte Feuerwehr samt ihrem Kommandanten und den drei Einsatzfahrzeugen erkenne ich am Rande der menschlichen Flut. Eine extreme Spannung liegt in der Luft. Der Reporter des Städtischen Anzeigers versucht sich samt seinem Hobby-Fotographen, seinen Presseausweis schwingend, nach vorne zu drängen, was ihm einfach nicht gelingen will, da er mit Fragen über den Inhalt der Ausstellung überhäuft wird und beinahe im Fragenmeer, ohne Auskunft geben zu können, ertrinkt. Gerüchte besagen, es solle ein wundervoller Aperitif, ein Aperitif-Riche serviert werden, was das auch immer sei. Ich kenne mich da nicht mehr aus, bin zu alt dafür. Von weitem vernehme ich Gekläffe. Seltsam, denke ich, wird der Eingang von Polizeihunden bewacht? Endlich, endlich beginnt die Menge einem Sog folgend vorwärts zu drängen. Die Eingangstore sind wohl geöffnet worden. Das Gekläff wird deutlich lauter. Jetzt ist auch Geknurr hörbar. Und sogar schlunziges Lefzenlecken. Kann das sein? Ich trete in die Messehalle, weise meine Einladung wie Hunderte andere vor. Es riecht tierisch. Und ein großes Spruchband begrüßt uns Drängler: »WILLKOMMEN bei der TRENDIGEN SETTERSHOW! Mit Ihrer Stimme helfen Sie mit, den schönsten Setter und die Vergabe des goldenen Halsbands zu bestimmen.« Und das aufgetischte Aperitif, so erkenne ich, ist mit den Produkten vom bekannten Tierfutterhersteller, der täglich im Fernsehen für sein Hundefutter wirbt, bestückt …

SAINT-LOUIS

La Petite Camargue Alsacienne

- 1 rue de la Pisciculture, +33 3 89 89 78 59
- Accès en fauteuil roulant, Boutique, Parking, Restaurant, Accès train, Accès bus

© L. Kunegel / Ariena

Die im Süden des Elsass gelegene »Petite Camargue Alsacienne« ist das älteste Naturschutzgebiet der Region. Die Gründung geht bis ins 19. Jahrhundert zurück. Damaliges Ziel war es, die Wasserläufe wieder mit Fischen zu beleben. Heute ist dort ein idealer Ort zur Beobachtung von Flora und Fauna: Hier gibt es über 40 Baumarten, 180 Vogel-, 16 Amphibien-, 40 Libellenarten ...

Von Mitte August bis Oktober rasten hier die Zugvögel einige Tage, bevor sie weiterziehen: Hunderte von Störchen und Greifvögel aus ganz Nordeuropa machen hier eine Pause!

Im Naturschutzgebiet können in Sommernächten zahlreiche Fledermausarten in ihrer natürlichen Umgebung beobachtet werden. 1852 wurde die kaiserliche Fischzucht von Hüningen im Elsass zur Aufzucht von Atlantiklachsen vom französischen Naturforscher Jean Victor Coste im ehemaligen Überschwemmungsgebiet des Rheins gegründet. Sie lieferte Lachslaich für die Aussetzung an Flussläufen in der ganzen Welt. Durch Aufstauung des Rheins und besonders durch dessen Verschmutzung war es seit 1950 nicht mehr möglich, Lachse zu züchten. Erst der schwere Chemie-Unfall am 1. November 1986 nahe Basel brachte ein Umdenken. Seit 2000 werden wieder Lachse im großen Stil gezüchtet. Naturschützer erhielten 1973 das Nutzungsrecht für das Fischzuchtgebiet und retteten damit die einmalige Auenlandschaft. 2006 wurde das Naturschutzgebiet auf 904 ha erweitert und unter ein neues Dekret des französischen Staates gestellt, das den Schutz, die Forschung und die landwirtschaftliche Nutzung im Schutzgebiet regelt. Durch Ausbaggern von Altarmen des Rheins und periodische Überschwemmungen gelang es, das Auengebiet wiederzubeleben. Zu den Insekten, die in der Petite Camargue Alsacienne anzutreffen sind, gehören 40 Libellenarten. Besonders bekannt ist das Gebiet auch wegen seiner Nachtigallen. Von Mitte April bis Anfang Juni singen in der Nacht um die 50 Nachtigallen. Die neun unterschiedlich feuchten Lebensraumtypen bilden die Grundlage für die Artenvielfalt des Gebietes. Die Petite Camargue Alsacienne ist ein Mosaik aus feuchten Niederungen. Auf den verschiedenen Wegen und mithilfe zahlreicher Beobachtungspunkte und -hütten kann man die vielfältigen Wunder der Natur besichtigen. Ausstellungen zur Geschichte des Rheins und der Lachszucht können besucht werden.

Die 150 m^2 große Ausstellung « Mémoire de Saumon » zeigt sowohl historische Aspekte als auch die heutige Funktionen der Fischzüchter und die Bedeutung der Lachszucht für den Rhein. « Mémoire du Rhin » zeigt auf 400 m^2 in den Gebäuden der kaiserlichen Fischzucht die Entwicklung der Petite Camargue zur vielfältigen Natur- und Kulturlandschaft.

DIE FLEDERLAUS

Auf meiner langen Wanderung durch Wälder und Auen, in der ich das Erwachen des Frühlings beobachtete, setzte ich mich am Waldrand zur Rast auf einen alten, wohl bereits Jahre da stehenden Baumstamm, aus dem, dem vollkommenen Absterben trotzend, ein grüner Zweig wuchs, packte aus meinem Rucksack die bereits lang ersehnte Stärkung hervor. Packte das Brot und den Käse, die Blutorange und die Warmhalteflasche mit von frischer Minze zubereitetem Tee aus, um mich zu laben. Gleichzeitig dabei meine Seele weiter baumeln zu lassen und von weiteren herrlichen Stunden zu träumen. Da knackte ein Ast hinter mir. Ein Hase, eine Maus, eine Haselmaus, allerlei Lebewesen geisterten gleich als Gedankenfetzen durch mein Hirn. Doch auf einen Menschen war ich nicht vorbereitet. Ein alter Mann mit weißem Bart und einer grauen Mähne, die weit über seine Schultern wallte, setzte sich wortlos neben mich. Als Sprachkünstler kam mir augenblicklich das Wort Waldschrat in den Sinn. Ein Waldmensch. Jemand, der bereits seit Jahren in einer Waldhöhle hauste? Ein Eremit, der sich der Natur hingab? Der überkandidelten Welt den Rücken gekehrt hat? Wortlos saß er neben mir. Sah mich mit seinen beinahe schwarzen Augen an. Musterte mich, so empfand ich es, von den Zehen bis zu meinen Haarspitzen. Wie ich es auch bei ihm tat. Räusperte sich. Stellte mir mit heiserer, des Sprechens wohl ungeübter Stimme nur eine einzige Frage: »Kannst du mir helfen? Ich suche für meine weibliche Flederlaus ein männliches Gegenstück, denn ich befürchte, wenn diese ihren Lebenszyklus beenden wird, von ihr im Stich gelassen zu werden. Und wie soll ich ohne sie weiter leben können? Es ist die Laus, die permanent in meinem Kopf flattert, mir die Gedanken zuträgt, die mein Leben lebenswert gestalten hilft!« Nun, ob dieser Frage erstaunt, suchte ich in meinem Inneren nach einer Antwort, die den Greis nicht enttäuschen würde. Doch von einer Flederlaus ... nein, davon hatte ich bisher nicht das Geringste vernommen. Fledermäuse, ja da gibt es Hunderte von Arten. Nachtflieger mit besonderer Begabung zu bewundernswerten Flugtechniken. Suchte er die Laus, die sich auf den Flattertieren festsetzt? Da konnte ich ihm kaum helfen. War der falsche Ansprechpartner. Mein Baumstammsitznachbar schien zu verstehen, dass ich ihn nicht richtig verstehen könne. Da hob er seine Hand, streckte seinen von Arthrose leicht gekrümmten Zeigefinger, fuhr mit diesem, so dass ich erschrak, an meine Stirn. »Die Flederlaus in deinem Kopf, diejenige, die dir die Gedanken als Schriftsteller zustellt, wäre die richtige Partnerin. Darf ich beide vermählen?« Und wie in Trance versank ich in einen angenehmen, sonnenbeschienenen Mittagsschlaf, erwachte erquickt nach wenigen Minuten. Doch von meinem Sitznachbar keine Spur. Hatte ich geträumt? Ja? Nein? Das Einzige, was ich guten Gewissens bezeugen kann, ist, dass seither Tausende von Gedankenkindern meinen Kopf bevölkern, die fordern zu Papier gebracht zu werden ...

SAINT-LOUIS-LÈS-BITCHE

La Grande Place – Musée du cristal

- Rue Coëtlosquet, +33 3 87 06 64 70
- Accès en fauteuil roulant, Boutique, Parking

© B. Teillet

Sehr lehrreich und spannend ist es, eine historische Handwerkskunst, die in den nördlichen Vogesen bis heute gepflegt wird, durch den Besuch dieses Museums kennenzulernen. Auch die Fabrikation kann live besichtigt werden, wobei eine Anmeldung dafür notwendig ist, während das interessant angelegte Museum während dessen Öffnungszeiten ohne Anmeldung besucht werden kann. Die Ausstellung zieht sich über mehrere Stockwerke, die über einen großzügigen Wendelgang erreicht werden, sodass die Besucher gar nicht bemerken, dass sie immer höher gelangen. Dabei ist aus verschiedenen Höhen der Fabrikationsprozess zu beobachten. Was für ein Reichtum an Formen und Verarbeitungsarten wird da geboten! Erstaunlich! Louis XV.

gründete 1767 die Königliche Glasmanufaktur, die damals einmalig in ganz Europa war. Kristallglasmanufaktur ist ein eigener Zweig der Glasbearbeitung. Vom Opalkristallglas, den Lithanin-Imitationen über das Fadenglas und den Doppelten-Überfang werden die Kristallglasverarbeitungen präsentiert. Vasen, auch bemalte Kristallvasen, sowie die Vielfalt der Kristallgläserkultur werden gezeigt. Dabei eröffnen sich immer wieder Blicke in die Fabrikationshalle. Moderne Kristallglaskreationen von Künstlern beeindrucken die Besucher, und zum Schluss sehen sie sich Kunstwerken der Natur gegenübergestellt, die Inspirationen für neue Kreationen bieten. Beim Hinausgehen lohnt sich ein Blick auf das alte Gebäude, das uns einen Eindruck der damaligen Industriearchitektur vermittelt.

ZU TIEF INS GLAS GESCHAUT

Die Glasbläserkunst begeistert mich seit Kindsbeinen. Frage mich, ob das mit den zarten Knochen zusammenhängen kann, die ich als Kind besaß. Zierlich war ich. Wie es sich für ein kleines Mädchen gebührt. Nun ja, in den Fünfzigern wäre Zierlichkeit ein Anachronismus, der die Glaubhaftigkeit meiner Worte untergraben würde. So stehe ich zu meiner Figur. Genieße die geistigen und körperlichen Genüsse, wie es sich in meinem Alter gehört. In fester und flüssiger Form! Also kann meine Passion zur Glasbläserkunst nicht von den feinen, zierlichen Knochen meiner Kindheit stammen. Möglicherweise hängt diese mit einem schrecklichen – damals schrecklichen – Erlebnis zusammen, das ich unterbewusst ungeschehen machen möchte. Mein Leben lang. Indem ich wundervolle weiße und farbige Gläser sammele, die in meinen Schauschränken mich Tag und Nacht erfreuen. Ja, auch nachts, denn ein solcher Gläserausstellungsschrank mit gläsernen Türen schmückt auch mein Schlafzimmer. Von meiner Ruhestätte aus kann ich das Schranklicht anknipsen, sodass alle Alb- und Alpträume durch Farbsymphonien, die dann in mildem Licht erstrahlen, untergehen, sich verflüchtigen. Und wenn ich es mir richtig überlege, sind diese mich so belastenden Träume stets in Verbindung mit diesem meinem so prägenden Jugend- nein, Kindheitserlebnis verknüpft. Damals, ich zählte knapp elf Jahre, begann ich die Welt zu erforschen. Zu erobern! Wagte mich alleine und nicht an der Hand meiner Mutter, die mir, so empfand ich es zu dieser Zeit, die Freiheit nahm, immer weiter von zuhause fort. Unternahm Stadtrundgänge. Drückte meine Nase an Schaufenstern mit allen Herrlichkeiten der Erwachsenenwelt platt. Schlich auch in Geschäfte. Natürlich ohne Barmittel zu besitzen. Wollte nur schauen. Beobachten. Die Erwachsenen und ihre Handlungen, oder waren es Spiele, Rituale, durchblicken, verstehen können. Besonders angetan hatte es mir das PARADISO VENETIA, eine Glaswarenhandlung mit herrlichsten Kreationen und aus heutiger Sicht auch kitschigen Artikeln, die mein Mädchenherz besonders anzogen. Ach, diese Glaskugeln, in denen es schneite, wenn sie auf den Kopf gestellt wurden. So eine wollte ich unter allen Umständen, selbst durch unrechtes Tun besitzen. Musste mir eine solche, koste es was es wolle, beschaffen, um es dann nächtens beim Schein meiner treuen Taschenlampe unter der Bettdecke schneien zu lassen. So fasste ich in stundenlanger Denkarbeit einen gewagten Plan. Die Verkäuferschaft musste abgelenkt werden und dann ein Griff, die Kugel hinten in meinen Pullover gesteckt und als leicht Bucklige, mit der alle leichtes Mitleid verspüren mussten, mit aufrechtem Gewissen – das hatte ich zu üben bei meinem Unrechttun – aus dem Geschäft zu wandeln. Wie oft stand ich, ein Kissen im Rücken gesteckt, das ich dann geschickt auszuwechseln gedachte, vor dem Glasladen und wagte den letzten Schritt doch nicht. Ja, bis zu diesem schicksalsträchtigen sonnenbeschienenen Mittwochnachmittag. Ich hatte allen Mut in meine Finger und Zehen genommen, versuchte mich beinahe unsichtbar zu verhalten, trat ein. Schritt zu den Regalen mit den Gläsern und Glaskugeln, stellte fest, dass umgeräumt worden war, die Gläser über den Kugeln standen. Wollte bereits den Rückzug antreten, besann mich dann eines anderen. Blickte mich um. Befand die Luft rein. Das Buckelkissen drehte ich in der Überzeugung, dass die Pubertät bei Jugendlichen immer früher eintraf, nach vorne, ein Griff! Da schepperte es. Klirrte fürchterlich, die Gläser in allen Farben überfielen mich, deckten mich beinahe zu. Jedenfalls der Scherbenregen der über, unter und neben mir lag. Aufregung! Alle Verkaufskräfte, die gesamte Kundschaft eilte zu mir, bemitleidete mich, half mir aufzustehen, brachte mich ins Büro des Geschäftsführers, der mir gut zusprach, einen Verkäufer beauftragte, mir ein Eis zu holen, die Schreckenstränen abwischte, mich zu trösten suchte, mein schlechtes Gewissen samt Kissen, das damals keineswegs ein gutes Ruhekissen war, nicht erkannte und mich bat, vom Vorfall auch zuhause nichts zu erzählen, denn bestimmt seien die Stapel falsch aufgeschichtet, und mir als kleines Trostpflästerchen eine Glaskugel mit der Rialtobrücke in die Hand drückte und glücklich war, dass mir nichts geschehen war.

Das Glasgeschäft habe ich nie mehr betreten, aber wer weiß, ob meine Glaskunstsammelwut nicht eine unterbewusste Wiedergutmachung gegenüber der Glasindustrie darstellt. Jedenfalls steht, obwohl entsetzlich kitschig und unpassend, die Glaskugel im Sammelschrank meines Schlafzimmers. Und wenn ich nach den Alpträumereien nicht wieder einschlafen kann, nehme ich diese in die Hand und lasse es unter der Bettdecke schneien!

SALINS-LES-BAINS

Grande Saline

- Adapté aux familles
- 3 Place des Salines, +33 3 84 73 10 92
- Accès partiel en fauteuil roulant, Boutique, Parking, Accès bus

© BestjobersHD

In diesem alten Kurort mit Grand Hotel und Spiel-Casino, beides eigens erbaut für die Kurgäste, die von weither kamen, um in Salzbädern ihre Gesundheit wiederzufinden, liegen die großen Salinen. Daneben bietet das langgezogene Straßen-Städtchen alte Dienstleistungsbetriebe, die alle der Salzgewinnung dienten. Salz, das Gold und Geld des Mittelalters, bedeutete Wohlstand und für die Herrschenden Reichtum. Die Salzgewinnung erfolgte aus den Ablagerungen des einstigen Jurameers, die in den Bodenschichten der

Gegend zu finden sind. Das salzhaltige Wasser wurde in Verdunstungsräumen geführt, um dann abgeschöpft zu werden. Mit immer ausgeklügelteren Methoden wurde der Ertrag der Verdunstungsmechanismen kontinuierlich gesteigert. Bereits die keltische Bevölkerung gewann an diesem Ort Salz. Das Salz wurde dank meist königlichem Salzmonopol zu horrenden Preisen vertrieben, was allerlei kriminelle Umtriebe nach sich zog. So war Salzschmuggel und Salzdiebstahl direkt bei den Verdunstungsorten an der Tagesordnung. Mafiöse Strukturen waren bereits damals bei hochpreisigen Waren, zu denen das Salz gehörte, weit verbreitet. Die einstündige geführte Tour durch die ehemalige Salzgewinnungsstätten ist sehr empfehlenswert, will man die Geschichte des Salzes und seine Bedeutung besser verstehen. Es wird gezeigt, wie salzhaltige Wasserquellen von den Süßwasserquellen getrennt wurden, um die Produktivität der Salzgewinnung zu erhöhen. Die Pumpenanlage wurde zuerst von Pferden angetrieben, bis im 18. Jahrhundert die Wasserkraft und die Wasserräder dazu genutzt wurden. Im 19. Jahrhundert erfolgten bis zu einer Tiefe von 250 m unter der Erdoberfläche Sondierungen, um damit besser an die salzhaltigsten Sedimente zu gelangen.

1962 aber schlug die Schließungsstunde der Salinen, da der Welthandel viel günstigere Salzhandelswege anzubieten in der Lage war. Aber dank der Kurstätten bleibt Salins-les-Bains ein Ort, den man unbedingt besuchen sollte – denn wer will nicht Näheres über das Salz des Lebens erfahren?

DIE SALZSÄULE ODER SCHAU NICHT ZURÜCK

Nun, seit Jahrhunderten schürfen wir Salz. Salz für Könige. Salz des Lebens. Und ohne Salz kein Leben. Meinem Dasein führe ich auch solches zu. Wie würde mich Langeweile überkommen ohne diese Zutat. Selbst hier an der Quelle dieses Gewürzes. Ist Salz ein Gewürz? Oder nur eine Ingredienz, um Speisen köstlich zu verfeinern? Den Mechanismus meines Körpers am Leben zu erhalten? Weshalb versalzen verliebte Köche ihre Speisen? Weil Liebe das Salz des Lebens und demnach auch der Speisen darstellt. Ganz besonders der Leibspeisen, die in der Liebe auch versalzen munden. Munden, weil Herzenssalz beigefügt ist. Ja, und ich habe mich als Verwalter des Königs in diesen Royalen Salinen in die Cheffe, die Haupt- und Generalsköchin dieser Institution verliebt. Unsterblich verliebt. Unsterblich! Denn durch Liebe kann keiner sterben. Erst durch Liebeskummer. Und der, ich kann es beteuern und beschwören, kann einen Menschen aus der Bahn werfen. Alles begann ganz unscheinbar. Wir, ich, der Verwalter, der omnipotente Verwalter, der selbst über Leben und Tod richten konnte, und die begnadete Köchin, die ihre wundervollen Haare wie ein Geheimnis stets unter einer Haube verborgen hielt, warfen uns heiße Augenblicke zu. Sie, mit ihren dunkelschwarzen, kohlenglühenden Augensternen, und ich mit meinen – Noblesse oblige – edlen, rehbraunen, sternförmigen Pupillen warfen, als seien es Blumenbälle, uns diese zu, als würden wir in einem Liebesturnier gegeneinander antreten. Kalt rieselten dabei Schauer über meinen Rücken. Eiskalt, zugleich mein Herz mit kochender Wärme überschüttend, sodass ich meiner Sinne nicht mehr mächtig ward. Sinnlos meine Gedanken, als tagein, tagaus, statt ans Verwalten zu denken, nur noch SIE in meinem Kopf, in meinem Hirn kreiste, mich mit schaurig schöner Benommenheit gefangen nahm. Dann tauchte dieser elende Zuckerbäcker auf. Mein Mittagsmahl wurde urplötzlich lau. Ja fad. Es fehlte das Salz der Verliebten. Die Augenblicke blieben im Nirwana, im Nichts hängen. Das Ballspiel war beendet. Und ich am Boden, nein, unter dem Boden zerstört. Sann nur noch auf Rache. Wie ich es dem Zuckerbäcker heimzahlen könnte. Erinnerte mich an Sodom und Gomorrha. An die Salzsäule, zu der das Weib Lots wurde, weil sie verbotenerweise einen Blick in die Vergangenheit der edlen, sündigen Stadt tat. Doch Zucker in Salz verwandeln? Ein Ding der Unmöglichkeit, dachte ich. Erinnerte mich dann aber an den Zuckerstock. Den Zuckerhut. Nahm den Zuckerbäcker gefangen. Ließ ihn in einer Galeere bis hin nach Rio schmachten, wo er aus Erschöpfung als Zuckerhut verblieb. Und die Köchin, ach, konnte es nicht lassen, ihm bis Rio nachzusehen, und wurde dabei zur Salzsäule, die sich in Gomorrha, wo dieses auch liegen mag, mit der Lot'schen Säule vereinte. Ich jedoch, was blieb mir, gebrochenen Herzens, anderes übrig, als von glücklicheren Momenten zu träumen: Meine rehbraunen Pupillen waren auf einmal Fußbälle, ich spielte im Halbfinale der Weltmeisterschaft, eine hohe Flanke in den Strafraum, ich hob ab, und mit einem Fallrückzieher gelang es mir, den Ball zuckersüß im brasilianischen Gehäuse zu versenken. Tor des Jahres!

SARREBOURG

Parcours Chagall – Musée du Pays de Sarrebourg et Chapelle des Cordeliers

- Adapté aux familles
- Rue de la Paix, +33 3 87 08 08 68
- Accès en fauteuil roulant, Boutique, Accès train

Foto: Ville de Sarrebourg

Chapelle des Cordeliers

Im Vogesenstädtchen Sarrebourg wurde 2003 das Museum Sarrebourg in einem großzügigen Neubau eröffnet. In ihm werden archäologische Fundstücke sowie Exponate, die im Land der Vogesen von Bedeutung waren, gezeigt. Besonders zu beachten sind die Porzellanarbeiten unter dem Titel Porzellan der Liebe aus dem Jahr 1758, in dem rund um die Liebe griechisch-römische Darstellungen aus der Mythologie kunstvoll gefertigt worden sind. Auch zahlreiche Schmuckstücke aus der Bronzezeit, die in der Gegend aufgefunden wurden, sind zu bewundern. Aus den römischen Gräberfeldern sind kunsthandwerkliche Grabbeigaben zu entdecken und Kids können Scherben zu Vasen zusammenkleben, ein höchst beliebter Zeitvertrieb der jungen Museumsbesucher!

Der Höhepunkt des Museumsbesuchs aber ist der Parcours Chagall! Eine herrliche Riesen-Tapisserie zeigt die enge Zusammenarbeit mit der Textilkünstlerin Yvette Cauquil-Prince (1928–2005), die alleine über 120 Tapisserien großer Künstlerinnen und Künstler, wie Marc Chagall, Paul Klee, Max Ernst, Pablo Picasso, schuf. Neben Beispielen der Tapisserien der großen Künstlerinnen und Künstler zeigt das Museum den Werdegang eines solchen Kunstwerks vom Faden und den Farben über die Webstühle bis zum fertigen Kunstwerk! Von Chagall allein schuf die Künstlerin 22 Werke! Im Weiteren sind herrliche über Jahrhunderte entstandene Fayencen aus der lokalen Produktion zu sehen. Besonders ans Herz gelegt sei »Le Bouquet de Delphine«, ein filigranes Werk, das höchste Bewunderung verdient.

Wenige Schritte neben dem Museum, auch mit dem Museumspass zu besichtigen, steht die Kapelle, in der an einer Portalwand Marc Chagall das einmalige, in typischen Chagall-Farben prangende, 12 Meter hohe, 7 Meter breite Glasfenster schuf, vor dem die Besucher lange verweilen und in diesem mit den Augen spazieren und auf Entdeckungsfahrten gehen können! Ein ganz besonderer Genuss!

DER LACHAFFINE LÖWE

»Lachende Löwen! Dass ich nicht lache«, wirft mein Schüler mir an den Kopf, als ich von meinem Katheder unseren Schulausflug zum Musée du Pays de Sarrebourg in den Vogesen mit den bedeutenden Werken von Marc Chagall vorbereite und dabei von der Fantasie des großen Künstlers schwärme. Ich kann ihm nur antworten, er solle warten. Er werde dann auf der Tapisserie spazieren gehen können. Es selbst erleben, wie der Löwe fröhlich sei, über sich selbst und wohl auch über die Menschen lache, obwohl diese ihm nach dem Leben trachten würden.

Muss man die Schuhe ausziehen, wenn man auf der Tapisserie spazieren gehe, erkundigt sich ein Mädchen, in meinen Augen bereits eine junge Frau, die Stöckelschuhe trägt und mich mit diesem Gedanken erschreckt! Stöckelschuhe auf dieser so kostbaren Tapisserie. Glücklicherweise hängt diese im Obergeschoss an der Wand, kann auch vom Erdgeschoss her mit der notwendigen Distanz betrachtet werden. Um den Gesamtüberblick zu erhalten. Gebe also bekannt, dass ein Augenspaziergang angesagt ist und die Klasse dann vor allem den lachenden Löwen betrachten soll. Der Prüfungsaufsatz werde zum Thema haben, weshalb der Löwe lache. Ich betone, dass ich kreative Beiträge erwarte. Fantasievolle. Sie sollen alle bei ihrem Augenspaziergang auf ihr Inneres, ihre Seele achten, diese an die Hand nehmen, auf dass echt spannende Erklärungen in den Arbeiten auftauchen würden. Und um die Klasse zu motivieren, das Beste aus jedem herauszuholen, lobe ich noch einen Preis aus eigener Tasche aus, ein Wochenende zu zweit. In einer Berghütte, und zwar in einer besonders romantischen. Ein Raunen geht durch den Klassenraum. Ich fühle die Begeisterung beinahe körperlich.

Drei Wochen später sitze ich in meinem Studierzimmer. Zuhause. Es ist drei Uhr morgens. Mir fallen die Augen beinahe zu und ich erinnere mich an den Rat meiner verstorbenen Mutter, zwei Streichhölzer zu nehmen und diese zwischen die Lider zu klemmen. Muss dabei innerlich, an sie denkend, lächeln. Habe bereits beinahe alle Aufsätze über den lächelnden Löwen gelesen und korrigiert. Es bleibt mir ein letzter, den ich noch zu bewältigen habe, da ich morgen früh um neun Uhr vor der Klasse stehen soll, um die Resultate zu verkünden. Der Ausflug jedenfalls war ein voller Erfolg. Ich bin richtig auf mein pädagogisches Geschick stolz. Gehe zur Espressomaschine. Bereite mir einen kleinen, extrastarken Schwarzen zu, gieße ihn in Minischlucken durch meine Kehle.

Da klopft, nein, kratzt es an meiner Studierstubentüre. Ich rufe »herein«. Und vor mir steht der Löwe aus der Tapisserie ... Knurrt. Lächelt nicht. Scheint sehr hungrig. Leckt mit der Zunge seine Schnauze. Kommt näher. Geht in Sprungstellung ... und ich fühle, wie er die Streichhölzer meiner Mutter genüsslich, knackend zerbeißt. Daraufhin lässt er von mir ab, setzt sein Lächeln auf und ich mache mich, vom Sekundenschlaf, der mich überwältigt hat, aufschreckend, wieder ganz bei der Sache, an das Lesen des letzten Aufsatzes mit dem Titel »DER LACHAFFINE LÖWE«, in dem meine Lieblingsschülerin, diejenige mit den Stöckelschuhen, schildert, wie der Löwe mich mit einem Bissen verspeist und darauf sein befreiendes, glückstrahlendes Lächeln aufsetzt ...

SÉLESTAT

Maison du Pain d'Alsace

- 7 Rue du Sel, +33 3 88 58 45 90
- Accès en fauteuil roulant, Boutique, Restaurant, Accès train, Accès bus

© Maison du Pain

Alles dreht sich in diesem Museum um das tägliche Brot, dieses Hauptnahrungsmittel der Menschheit. Wer über dessen ursprüngliche Herstellung, die entsprechenden Gerätschaften sowie die modernen Herstellungsmethoden und Normen mehr wissen will, ist hier am richtigen Ort. Die Ausstellung führt über das Mehl zu den Zutaten bis hin zum Backen! Eindrücklich ist die Ausstellung der Backformen. Für jeden Brauch, ob Fasnacht, Weihnachten, Ostern oder Weinlese, gibt es elsässische Backformen, selbst für die Kürbisernte war eine solche in Gebrauch!

In der Gegend von Séléstat wurden 8000 v.Chr erste menschliche Besiedlungsspuren festgestellt. Für 5000 v.Chr. ist der erste Gärungsprozess, Grundlage des Brotbackens, nachgewiesen. Vom Jahr 350 v.Chr. stammt der erste Mühlstein. 1200 n.Chr. entstand die erste Bäckerzunft. 1811 die erste Knetmaschine und 1820 der erste Auftritt der Baguette, der französischen Leibspeise. Der Rundgang durch das Museum zeigt die alte Zunftstube, dann eine alte Backstube mit deren Werkzeugen, um dann zur modernen Bäckerei zu führen. Die Besucher verlassen mit mehr Wissen über – und mit einem anderen Gefühl für ihr tägliches Brot die Räume des Museums!

LA BAGUETTE

Die Baguette, wer kennt sie nicht! Ein französisches Denkmal könnte für sie stehen. Halt! Steht täglich in jeder Bäckerei. Bereits der Duft ist verführerisch, der jeden Morgen in aller Herrgottsfrühe aus den französischen Backstuben in die Kühle der Gassen und Straßen strömt, beinahe in jedem Dorf Frankreichs seinen Morgengruß aussendet. Schon sich in Gedanken in so ein Dorf zu versetzen, um diesen Duft in den langen Tag mitzunehmen, lässt Bilder der Knackigkeit dieser Kreation, die frisch aus dem Backofen kommt, auferstehen, regt den Hunger nach dieser Götterspeise – nicht umsonst heißt ein Sprichwort: leben wie Gott in Frankreich – mächtig an, lässt den einmaligen Geschmack der Leibspeise der Franzosen im Gaumen entstehen, auf der Zunge zerschmelzen, erst recht wenn ein Stück dunkler Schokolade in einen abgebrochenen Teil der Baguette eingeführt wird! Doch in

Frankreich hat der Dirigent eines klassischen Orchesters auch eine Baguette in der Hand, denn der Dirigentenstab heißt im Französischen ebenfalls Baguette! Die Nähe der beiden Begriffe weist auf die Künste, diejenige der klassischen Musik und diejenige der Backkultur, hin. Nun ist auch vorstellbar, dass ein Chef d'orchestre mit einer essbaren Baguette dirigieren würde und bei jedem Misston des Orchesters, der nicht exakt seinen Vorstellungen entspricht, ein Stückchen der Baguette abbeißt, um so seine Nerven zu beruhigen, seinen Ärger zu bändigen! Eine intakte Baguette zeigte dann eine Meisterleistung des Orchesters an. Deshalb helft mir mit, die Petition »ECHTE BAGUETTE FÜR DIRIGENTEN« zu unterzeichnen, um diese mit Tausenden von Unterschriften an die Orchesterdirektionen einzureichen. Auf zur Baguette-Revolution! Die Fusion der Baguettekulturen lebe hoch! Allons enfants de la Musique …

STRASBOURG

Château Vodou

- 4 rue de Koenigshoffen, +33 3 88 36 15 03
- Accès en fauteuil roulant, Boutique, Parking, Restaurant, Accès train, Accès bus

© Michaël Wittmer

Das Pantheon Voodoo
und seine Gottheiten der unsichtbaren Welt

Im Gebäude, in dem vor Jahrzehnten die Eisenbahner nach getaner Arbeit ihr Bad nehmen konnten, um den Ruß und den Schweiß abzuwaschen, richtete der Voodoo-Sammler Marc Arbogast, früherer Generaldirektor der Brauerei Fischer-Adelshoffen, dieses bemerkenswerte Museum ein. 1200 Objekte aus dem Voodoo-Kult umfasst seine Sammlung mit Werken insbesondere aus Benin, Togo, Ghana und Nigeria. Wenn manchem beim Wort Voodoo zuallererst

Haiti mit Doc Duvalier und den Tontons Macoutes in den Sinn kommt, liegt das daran, dass als Sklaven entführte Menschen aus Afrika den Voodoo-Kult hochhielten, da die Versklavung nicht das Schlimmste für sie war, nein, es war der Verlust des Kontakts mit den Vorfahren, der bei Voodoo eine zentrale Bedeutung hat. Voodoo wurde im 15. Jahrhundert begründet und hat viel mit Magie zu tun. Der Bocor ist der Priester des Voodoo-Kults. Er wird durch Magie und überirdische Zeichen berufen, muss eine lange Lehrzeit durchlaufen, um in die unsichtbare Welt eintreten zu können, die friedlich und von den Vorfahren belebt ist. Ein ausgebildeter Bocor kann den Kontakt zu den verblichenen Vorfahren herstellen, denen dann Fragen gestellt werden und die einen Leitfaden für das Leben im Diesseits erteilen können. Im Voodoo-Museum werden auf drei Stockwerken Kultgegenstände und Erklärungen dazu gezeigt: Gegenstände, die bei der Heilung von Krankheiten, Eheschließungen, Geburt und Todesfällen und bei der Kontaktaufnahme mit den Vorfahren eine große Bedeutung gewinnen. Diese sind aus Holz, in dem Kräuter beigemischt sind (ohne Kräuter kein Voodoo), aus Metall und Keramik hergestellt. Die Sammlung umfasst Gegenstände aus dem 19. Jahrhundert, wundervolle Holzfiguren, Figuren aus dem Unterbewusstsein, als seien diese moderne Kunst. Der Bibla-Bo, übersetzt »HALT DAS MAUL«, wird zum Beispiel bei Rechtsstreitigkeiten eingesetzt, um dem Ankläger das Wort zu unterbinden, was auch zu einer Figur mit dem Namen »DAS WORT ZUSAMMENBINDEN« führt. Alle Figuren und Symbole haben eine praktische magische Bedeutung und werden im Voodoo eingesetzt. Doch neben den Gegenständen, die Wirkung ausüben sollen (bekannt sind ja auch die mit Nadeln übersäten Puppen, um Feinde zu vernichten), steht über allem die Voodoo-Philosophie, die wie folgt umschrieben werden kann: DIE KUNST ANDERS ZU SEHEN, DENN WAS MAN NICHT SIEHT IST ENTSCHEIDEND!

Beeindruckt von der uns fremden Art der Riten und bereichert mit dem Gedanken, zu sehen was unsichtbar ist, verlassen die Besucher dieses faszinierende Museum.

WORTE ZUSAMMENBINDEN!

Ummitdenvorfahrenzukommunizierenbedarfesdesbocorsderersterstinderlageistdiesenwunschmittelsschnürenundseilenjenachdemwelcheswortgewichtzuranwendungkommtzuerfüllenwobeileichteworteoderwortleichteswasnichtsmitwortleichenzutunhatodergewichtsbrockenvonwortenmitzahllosenoderdochüberwiegendschwerenvokalenbestückteherdembodenalsdemhimmelzustrebenzumeinsatzkommenbedeutungsvollistdabeieinzigdassniemandmehrlesenoderentzifferngeschweigedennverstehenkannwasgesprochenbeziehungsweisekommuniziertnichtzuverwechselnmitexkommunikationoderkommunionodernichteinmalankommunismusgedachtwerdenkannhauptsacheniemandverstehtmehrdiediesseitigeoderjenseitigeweltwenndanegativmalnegativpositivergibtdiezusammengebundenenworteplötzlichdochsinnundnichtunsinnergebenwerden

STRASBOURG

Musée Alsacien de Strasbourg

- 23 – 25 quai Saint-Nicolas, +33 3 68 98 50 00
- Boutique, Accès bus

Foto: Musées de Strasbourg / M. Bertola

Eingangsschild des Musée Alsacien, nach einer Zeichnung von Paul Braunagel aus dem Jahr 1906

Wer die Wurzeln und das Besondere am Elsass erfahren will, muss unbedingt das Musée Alsacien besuchen! Auf einigen Etagen werden das Brauchtum und die Kulturgüter den Besuchern nähergebracht. Gezeigt werden dekorierte Dachziegel, urige Bauernschränke, wie z.B. auch ein Schrankbett, dekorierte Öfen – die Tradition hat sich auch dank der kalten elsässischen Winter entwickelt –, Schmuckkästen und viel weitere Kostbarkeiten, die das Kunsthandwerk des Elsass hervorgebracht hat. Auch eine typische elsässische Stube ist zu bewundern. Eine aufgebaute historische Küche zeigt die berühmte Tradition der elsässischen Kulinarik, wobei auch all die Kuchenformen – wer kennt nicht den Elsässer Gugelhupf? – zu sehen sind.

Die Ausstellung lässt auch die Kultur der vor dem Zweiten Weltkrieg bedeutenden jüdischen Bevölkerung lebendig werden. Man kann nachvollziehen, wo überall damals Synagogen vor der Deportation der jüdischen Bevölkerung durch die Schreckensherrschaft der Nazis, die das Elsass besetzt hielten, standen. Die wechselhafte Geschichte zwischen Frankreich und Deutschland hat das Elsass stark geprägt. Das Elsässische Museum ist denn auch in einem alten Fachwerkhaus, eine weitere elsässische Tradition, beheimatet und kann somit von innen mitsamt dem Innenhof und den Innenbalkonen und Verbindungsgängen bewundert werden.

DAS GESCHENK

Die historischen Bräuche des Elsass – so berührend und liebevoll. Beim Lesen darüber überkommt mich der Eindruck, ich würde mitfeiern. Ostern. Karneval. Weihnachten. Die Düfte von Spekulatius steigen mir in die Nase. Ahh, diese roten Äpfel, die am Tannenbaum hängen. Die

Geschenke darunter. So kunstvoll verpackt. Die Schleifchen. Einfach überwältigend, was die Traditionen da zustande bringen. Ich ziehe meinen Chapeau vor dieser Ausdrucks- und Aussagekraft. Fühle mich urplötzlich in die Weihnachtszeit versetzt. In meine Kindheit. Die Zeit der großen Aufregung. Die leise Glocke, die erklingt. Zuvor die sich wie ein Kaugummi dehnende Wartezeit. Der Eintritt in den Raum. Die Kerzen! Die Geschenke! Kann nicht mehr warten! Nerven bis zum Zerreißen gespannt. Knie nieder, um zu sehen, was mir beschert ist. Entdecke Pakete für meine Geschwister. Für Eltern. Opas und Omas. Nichts für mich? Das schlechte Gewissen regt sich in mir. Meldet sich an. Quittung für mein flegelhaftes Benehmen im Jahr? Doch da, ganz hinten, unter dem untersten Zweig versteckt: eine Box! Hoch. Nicht sehr breit. Wundervoll verpackt. Geschenkpapier mit Modellautomuster. So kann nur meine Mutter verpacken! Gehe hin und bevor jemand anderes Papier zerreißt, eine Zerreiß-Kakophonie entstehen kann, ist mein Papier weg. Werde also nicht mit einstimmen können. Was mich weiter nicht stört. In der Box eine weitere Schachtel. Zusätzliche folgen. Deren sechs. Hat sich jemand einen Scherz mit mir erlaubt? Mutter kaum. Bin bei einem Kleinstbehältnis angekommen. Hebe den Deckel ab. Rosa Watte. Darin eine winzige Pergamentrolle. Was soll das? Kann beim Auseinanderziehen nichts lesen. Alle Buchstaben zu klein. Muss bedeppert in die Welt geguckt haben. Vater bemerkt dann: »Für was hast du ein Mikroskop in deinem Zimmer?« Eile hinüber in das Zimmer, das ich mit dem Bruder teile. Lege das Pergament auf den Objekttisch des Mikroskops. Lese: »Das wertvollste Geschenk ist Liebe. Die bieten wir dir. Und damit du nicht enttäuscht bist, werden wir dir, obwohl knapp bei Kasse, wie du weißt, das Gymnasium bezahlen, damit du Biologe werden kannst.«

Ja, all das erlebe ich erneut beim Lesen über die elsässischen Weihnachtsbräuche. Bin so dankbar, dass ich damals meinen Wunschberuf ergreifen konnte. Nur durch diese kleine Pergamentrolle bin ich das geworden, was ich bin! Als Forscher der Menschheit ein kleines Stück wertvolles Wissen geschenkt zu haben – meine Eltern können stolz sein auf ihren erfolgreichen Sohn. Ja, Liebe ist das allergrößte Geschenk …

STRASBOURG

Musée Archéologique de Strasbourg

- 2 place du Château, +33 3 68 98 50 00
- Boutique, Parking, Accès bus

Foto: Musées de la Ville de Strasbourg / M. Bertola

Metallscheibe aus einem Pferdegeschirr,
Merowingerzeit, Ittenheim

Im Untergeschoss des Palais Rohan befindet sich das Archäologische Museum Strasbourg. In ihm kann die Zeit der ersten menschlichen Ansiedlungen bis zur Römerzeit in und um Strasbourg nachverfolgt werden. Die Ausgrabungen von Achenheim führen 12.000 Jahre zurück und geben Einblicke in das damalige harte Leben der Menschen. Vom Neolithikum über die Bronze- hin zur Hallstattzeit sind reiche Ausgrabungsschätze zu besichtigen. Von den keltischen

Prinzen bis zu den römischen Eroberungen durch deren Berufsarmee kann die Geschichte in diesem Museum verfolgt werden. Besonders sehenswert sind die Statuetten aus römischen Funden. Beeindruckend das Grabmal mit den drei Männern und der Tänzerin, das sich ein reicher Römer erstellen ließ. Besonders imposant ist die Geschichte des Mitras-Kultes, der sich in der Gegend beinahe explosionsartig verbreitete, dem Sonnenkönig Mitras gewidmet war und Verzicht und Askese von den Anhängern verlangte, Eigenschaften, die in späteren christlichen Religionen und Orden immer wieder in den Mittelpunkt rückten.

DAS MAUSOLEUM FÜR DIE EWIGKEIT

Die Römer jagten wie wir im 21. Jahrhundert nach Unsterblichkeit. Auf jeden Fall die Begüterten. Die Herrschenden. Ein Grabmal, das beeindrucken sollte, wurde zu Lebzeiten bereits in Auftrag gegeben. Minutiös geplant. Es sollte die Macht und den Einfluss des noch nicht Verstorbenen auch nach seinem Tod zum Ausdruck bringen. Ein Grabmal für die Ewigkeit war das Ziel. Und die Ewigkeit war bereits damals ein Zeithorizont mit unendlich vielen Nullen. Nicht der Stifter als Null. Das wäre eine Unmöglichkeit, eine Beleidigung der Familien- und Clanehre gewesen. Und heute? Welche Denkmäler baut sich die Gegenwart? Grabmäler? Kaum, denn wer glaubt heute an die Ewigkeit? Selbst in den Schichten, die sich zu verewigen suchen, kaum noch jemand. Da werden andere Wege gesucht. Stiftungen ins Leben gerufen! Wissenschaftliche Stiftungen. Universitäre Institute. Lehrstühle. Museen gestiftet, die den Namen des einst zu Sterbenden tragen. Ein Denkmal setzen. Ein Denkmal für die Ewigkeit? So hat sich kaum viel geändert seit der Zeit der Römer. Obwohl das Große meist nicht von den Herrschenden, von den Krösusgleichen geschaffen wird. Wie ich erst vor wenigen Tagen ganz hautnah – diese vibrierte geradezu vor Erregung bei der Entdeckung des Unerhör-, Unerblick-, Unerfühl-, Unertastbaren – gewahr wurde.

Und das kam so: Ich begab mich auf eine Wanderung. Auf alten Römerpfaden, denen ich mit Haut und Haar verfallen bin. Mir vorgenommen habe ich, so zahlreiche wie möglich abzuschreiten, um nicht fahrend, sondern gehend zu erfahren, wie es unseren so lange siegreichen, genialen Vorfahren damals in Fußmärschen ergangen ist. Diesmal durchzog ich eine bewaldete Hügellandschaft voller Schönheit. Die Römerstraße umging Felsnasen. Folgte elegant geschwungen Abgründen, querte Täler, bot Schutz vor sengender Sonne. Nach drei Stunden anstrengender Muskelstrapaze leistete ich mir eine Pause, einen Zwischenhalt, um neue Kräfte zu finden. Aufzutanken. Setzte mich auf einen Baumstrunk, der zwar nicht aus der Römerzeit stammte, doch den Rücken konnte ich an einen kleinen Felsen lehnen, bestimmt ein Zeuge der damaligen Zeit. War das erholsam! Ich öffnete meinen Rucksack. Entnahm diesem die Feldflasche und ein Vesper, der versprach mich für die nächste Dreistundenetappe aufzubauen, fit zu halten. Ruhte meine Augen im satten Grün des Bodens und des Waldes aus. Und da entdeckte ich sie. Die rote Ameise. Geschäftig eilte sie hin und her. Krabbelte bald auf mein belegtes Brot. Und als ich dieses ahnungslos zum Mund führte, sprang diese mit gewagtem Sprung zu meinem linken Ohr, sprach zu meiner großen Verwunderung in meiner Sprache, lud mich ein, ihren Bau zu besichtigen. Dieser sei zwar noch nicht in Vollendung errichtet, doch das über zwei Jahrtausende gestaltete Bauwerk könne sich durchaus sehen lassen. Ich nahm die Einladung an. Und tatsächlich konnte ich nur staunen, mit welcher Perfektion dieser Ameisenbau gestaltet war. Ich wurde dann zur Königin geführt, die mich beauftragte, den Menschen folgende Botschaft zu überbringen:

»Im Versteckten liegt die echte Größe. Und die muss sich nicht verewigen. Verewigen für die Ewigkeit. Sie wirkt jetzt und heute. Entfaltet ihre Wohltaten ohne Namensnennung. Im Kleinen wie im Großen. Im Wesentlichen!«

Ob ich an der Römerstraße eingenickt war und träumte, wer will das wissen. Zeugen gibt es keine. Doch die königliche Botschaft habe ich euch überbracht.

STRASBOURG

Musée d'Art Moderne et Contemporain de Strasbourg

- 1 place Hans Jean Arp, +33 3 68 98 50 00
- Accès en fauteuil roulant, Boutique, Parking, Restaurant, Accès bus

Foto: Musées de la Ville de Strabourg / M. Bertola

Ausstellungsraum mit Werken von
Pablo Picasso, Auguste Rodin und Luciano Fabro

Ein beeindruckendes Gebäude, selbst ein originelles Kunstwerk, empfängt die Besucher auf 5000 m² Ausstellungsfläche. Das riesige Mittelschiff lässt die Besucherschaft in die verschiedenen Ausstellungsräume über eine »Innenstraße« eintreten und verbindet so die thematisch abgegrenzten Bereiche dieser so reichhaltigen Ausstellungsstätte, die einen vorzüglichen Überblick über die moderne Kunst bis in die Gegenwart gibt. Das 1998 eröffnete Museum beherbergt in seiner permanenten Sammlung Werke u.a. von Braque, Monet, Signac, Hans Jean Arp und Gustave Doré. Neben der museumseigenen Sammlung werden abwechslungsreiche Sonderausstellungen gezeigt, wobei Videokunst und begehbare Installationen einen der Schwerpunkte darstellen. Nicht verpassen darf man das Museums-Café mit seiner herrlichen Terrasse!

GIULIETTA

»Giulietta, Giulietta«, vernehme ich die Rufe bereits, nachdem ich den Eingang des Museums durchschritten habe. Wundere mich darüber, wer wen sucht. Hat eine Mutter – oder gar ein Großvater – das Kid verloren, dem das Museum gezeigt werden soll? Bewundere Erwachsene, die Kindern Kultur und Kreativität der modernen Kunst näherbringen wollen, auf dass diese später in ihrem Leben Zusammenhänge besser verstehen und schätzen lernen. Ihre eigene Kreativität, die Triebfeder der eigenen Ausgeglichenheit, ausleben können. Ich versuche herauszufinden, woher die Rufe kommen. Möchte gerne helfen, das Kind, ein Hund kann ja den Namen Giulietta nicht tragen, zu finden. Besonders da ich im Klang der Rufe in den Stimmbändern, die den Ruf immer wieder, beinahe mechanisch wiederholen, Tränen orten kann. Einzelne Verzweiflungstränen, die sich einen Verlust nicht vorstellen können, diesen nie erleben, geschweige denn ertragen wollen. Giulietta, Giulietta, in meiner Jugend, die bereits einige Jahre hinter mir liegt, war ich in Bella Italia und hatte mich Hals über Kopf in ein wundersames Wesen namens Giulietta verliebt. Anschließend in ein grabentiefes Loch gefallen, als ich wieder zu Hause im Gymnasium büffelnd saß. Ohne Zukunft. Alles zu.

Höllentief. Fegefeuerreif. Herzzerstörend. Eine Welt, die Liebeswelt war untergegangen. An all das muss ich denken. All das kommt hoch. »Giulietta, Giulietta«, die Rufe setzen sich fort. Ich verfalle in eine Art Laufschritt. Viertel-Jogg-Gang. Eile von Ausstellungsraum zu Ausstellungsraum. Überall die Rufe. Gleiche Lautstärke. Nicht verortbar. Eine wahre Seelen-Tortur. Und ich sehe Giulietta, obwohl glücklich verheiratet mit Marie, leibhaftig vor meinem inneren Auge. Sie berührt mich. Ihr Geruch! So verführerisch. Nicht auszuhalten. Wie nur kommt sie in dieses Museum? Weit ab von Italien. Da trete ich in einen Raum. In ihm das Wrack eines Alfa Romeo Giulietta. Ein Kunstwerk von Bertrand Lavier, das er 1993 geschaffen hat. Ihm, nein ihr, der Giulietta laufen die Tränen aus den zerstörten Scheinwerfern: ihren Augen. Oder sind es meine, die auf das Wrack und von diesem auf den Museumsboden tropfen?

Die zerstörte Giulietta, was für ein entsetzlicher Albtraum!

STRASBOURG

Musée des Arts Décoratifs

- Adapté aux familles
- 2 place du Château (Palais Rohan), +33 3 68 98 50 00
- Boutique, Parking, Accès bus

Foto: Musées de la Ville de Strasbourg / M. Bertola

Das Palais Rohan, das drei Museen beherbergt, wurde im 18. Jahrhundert erbaut und stellt ein eigenes Baudenkmal dar! Beim Durchschreiten der Räume, in denen einst Kardinal Rohan, der geistliche und weltliche Fürstbischof residierte, erlebt man die Pracht und den Reichtum, der damals zur Schau getragen wurde, um seine Stellung in der Gesellschaft zu unterstreichen. Bereits der Bischofssaal in seinen großen Dimensionen ist reich ausgestattet, ebenso das königliche Schlafgemach mit seinem royalen Himmelbett, in dem einst Louis XV., der Urenkel des Sonnenkönigs, bei seinem Besuch in Strasbourg übernachtete. Marie Antoinette soll ebenfalls Nächte dort verbracht haben. Das Levée du roi ist dabei bestens nachvollziehbar. Es fehlen einzig die Dienerinnen und Diener, die umherwieseln, sowie die Minister und Hofbeamten, die Entscheidungen einzufordern versuchen, die aber so früh am Morgen nicht erhältlich sind. Zu bewundern sind in den folgenden Zimmern und Sälen wundervolle Tapisserien und fantastische Teppiche. Die Bibliothek mit gegen 3000 alten Bänden – Rohan war ein Buchliebhaber – und die Kapelle folgen dann beim Rundgang. Die Porzellansammlung im Flügel der dekorativen Kunst und der Uhrensaal mit dem Originalhahn der astronomischen Uhr der Kathedrale sowie Beispiele der Gold- und Silberkunst beeindrucken die Besucher! Die Chambre Napoleon I., in der der französische Kaiser einst übernachtete, und der Morgensalon legen Zeugnis über die Lebensgewohnheiten der damaligen Zeit ab.

DIE ANTICHAMBRE

»Ich suche die Antichambre«, bemerkt der alte Herr mit dem Spitzbart, der an einem Stock geht, mit unbeweglichem Gesichtsausdruck, als hätte er sich zum Besuch des Museums eine Maske übergezogen, zum diensthabenden Museumswärter. Fährt dann fort: »das Gegenzimmer, oder besser das Antizimmer. Ist es jenes mit dem doppelten Boden, unter jenem noch weitere Böden sich in unheimliche Tiefen vorarbeiten?« Der Aufsichtshabende, der manche Fragen, auch solche absurden Inhalts gewohnt ist, setzt sein Amtsgesicht auf, von dem keine Gefühlsregung abzulesen ist. Denkt dabei: Wieder so ein Gestörter, der an Märchen, ja Museumsmärchen glaubt, die das Internet über Facebook und andere Quellen wie Quallen bevölkern. Woher diese stammen, weiß niemand, es ist tatsächlich wie bei den Meeresquallen, deren Vorkommen und Verbreitung unvorhersehbar sind. Der Museumswärter steht von seinem Hocker, auf dem er tief gebeugt sitzt, auf, schüttelt sein Haupt, dass seine langen Haare nur so flattern, und beantwortet die Frage mit einer Gegenfrage: »Doppelte Böden? Die gibt es bei uns nicht. Doppelte Decken sehr wohl, aber diese erreichen den Himmel nicht. Keine Angst sollten Sie haben. Keine Panik-Attacken. Doppelte Decken beißen nicht.«

Nun ist es am Besucher, den Kopf heftig zu schütteln, doch keines seiner Haare, die von einer weißen Barock-Perücke bedeckt sind, bewegt sich dadurch im Museumswind, als er das Wort ergreift. »Doppelte Decken sind aber, wenn man auf dem Boden über ihnen steht, doch auch Doppelböden, oder etwa nicht?« Und stampft fest mit den gestiefelten Beinen auf, sodass der Fußboden vibriert. »Doch all das interessiert mich nicht, ich will zur Anti-Chambre, dem Gegenzimmer, in dem ich meine Gegner an die Holzwand laufen lasse, diese nicht empfange, sowenig ich Sie, werter uniformierter Herr, der meine Güter zu beschützen hat, empfangen, geschweige denn begrüßen würde.« Nun ist Hans, so heißt der Aufseher, sicher, es mit einem Verwirrten zu tun zu haben. Bestärkt wird er auch durch den steifen, hölzernen Gang und die abgehackte Sprache. Hans erinnert sich sogleich an die Schulung, die er durchlaufen hat. An die Warnung vor Fantasten, von denen gewisse Gefahren ausgehen können. Denen am sichersten mit Höflichkeit und liebevollem Benehmen, mit der Bestärkung ihres Irrglaubens zu begegnen sei. So spricht er dem alten Herrn zu. Bestärkt ihn in der Doppelboden-, Doppeldeckenfrage, bittet ihn, ihm zu folgen, um ihm das Gegenzimmer, die

Anti-Chambre zu zeigen, in der einst Ludwig der XV. bei Besuchen seine Bittsteller warten, ja schmachten ließ. Als die beiden das Gegenzimmer erreichen, blickt sich der alte Herr um, bemerkt: »Ja, da bin ich beinahe zuhause. Doch mich selbst warten lassen? Wie soll das gehen! Darf ich mich vorstellen: Ich bin Louis XV. König von Frankreich. Wenn auch aus Wachs. Dem Wachsfigurenkabinett in Paris entsprungen. Aber auch du hast vor mir zu knien ...«

STRASBOURG

Musée des Beaux-Arts de Strasbourg

- Adapté aux familles
- 2 place du Château (Palais Rohan), +33 3 68 98 50 00
- Boutique, Parking, Accès bus

Foto: Musées de la Ville de Strasbourg / M. Bertola

Im Palais Rohan neben der Kathedrale befinden sich auf drei Stockwerken drei Museen. Das Kunstmuseum beherbergt Gemälde des Mittelalters, der venezianischen Kunst, der Renaissance, wundervolle Werke der holländischen und flämischen Landschaftsmalerei. Werke von Paolo Veronese und Tintoretto sowie Courbet sind echte Schätze dieses Kunstmuseums! Im Musée des Beaux-Arts de Strasbourg können Besucher die Entwicklung der europäischen Malerei hautnah verfolgen und erkennen, wie die einzelnen Stilrichtungen sich gegenseitig beeinflusst haben.

DER WIND DER DURCH DIE GEMÄLDEBÄUME PFEIFT

Wind! Wind! Ja, Sturm weht durch die Gemälde. Die Bäume biegen sich. Die Äste versuchen auszuweichen. Meine Augen folgen den Stämmen. Halte meine Mütze fest, obwohl ich durch ein Museum wandere. Als ich nach einer Bildbeschreibung greife, bläst dieser unheimlich unspürbare Wind die Mütze von meinem kahlen Schädel. Was wird meine Gemahlin dazu sagen, wenn meine Lieblingskopfbedeckung, oder ist es die ihre, plötzlich verschwunden sein wird? Ich habe diese zu unserer goldenen Hochzeit erhalten. Sie besitzt auch ein goldenes Band. Aus echtem Trompetengold. Schließlich liebe ich klassische Musik und besonders die Trompetenkonzerte. Könnte diese ewig hören. Habe dasjenige von Wolfgang Amadeus Mozart, hat er wirklich eins geschrieben, muss das noch nachprüfen, in meinem letzten Willen für meine Einäscherung festgeschrieben. Also ist jetzt eine Blitzreaktion vonnöten. Ich muss die Mütze wiederhaben. Doch der unsichtbare Wind, der stumm heulende Sturm trägt diese fort. Immer vor mir her. Ich beginne mit Laufschritt-Schritten. Komme außer Atem. Bin nicht mehr der Jüngste. Meine Lunge röchelt, als sei sie ein Blasebalg in einer Esse. Doch der Abstand wird immer größer. Jetzt biegt das vermaledeite Ding nach links ab. In den nächsten Saal! Nein, nein, nicht die Treppe hoch, das schaffe ich nicht mehr! Und die Kopfbedeckung steigt. Ohne sie werde ich kaum glücklich sein können. Gebe mein Letztes! Zunge hängt zum Hals heraus. Stoßweise Keucher. Das kann nicht gut enden. Doch jetzt sehe ich, wie die Goldbetresste in einem Wald-Bild entschwindet. Ich hinten nach. Stille umgibt mich. Mein Atem beruhigt sich. Und jetzt ertönt das Trompetenkonzert von Wolfgang

Amadeus Mozart. Also doch! Und es ist nicht aus Trompetengold. Nein, 24 Karat. So beruhigend. So wegweisend. Wären da nur nicht diese Tränen, die auf meinen kahlen Kopf fallen. Und alle halten ihre Hüte in der Hand …

STRASBOURG

Musée Historique de Strasbourg

- 2 rue du Vieux Marché aux Poissons, +33 3 68 98 50 00
- Accès en fauteuil roulant, Boutique, Accès bus

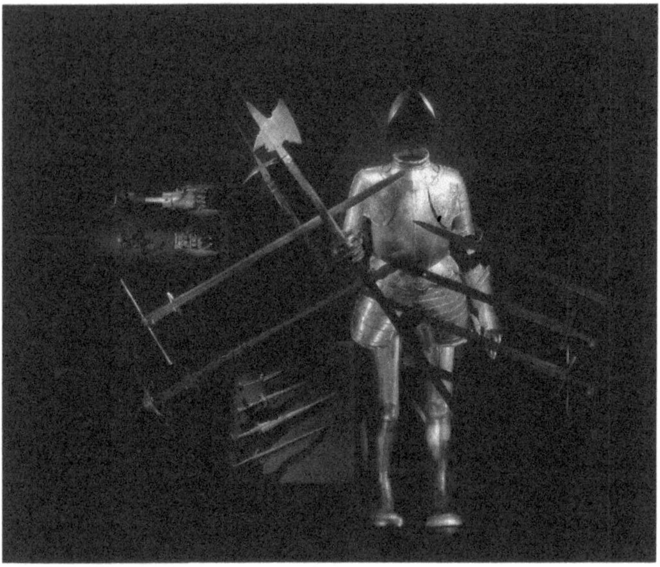

Foto: Musées de la Ville de Strasbourg / M. Bertola

Rüstung und Waffen, teilweise 16. Jahrhundert

Wer die wechselvolle Geschichte der elsässischen Metropole erfahren will, muss unbedingt das Historische Museum Strasbourg besuchen! Schon 4500 Jahre v. Christus sind Spuren menschlicher Ansiedlungen nachzuweisen. Dann folgte die Herrschaft der Kelten und danach der Römer. Die Stadt wurde dann bereits früh eine freie Reichsstadt des Heiligen Römischen Reichs deutscher Nation. Die Stadtbevölkerung war stolz auf ihre Freiheit und verteidigte diese zu zahlreichen Malen in Kämpfen, denn das reiche Strasbourg war immer wieder das Ziel von Angriffen habgieriger Truppen. Bedeutsam war im Mittelalter das umfangreiche Zunftleben der Handwerker. Der weitführende Handel brachte der Stadt wirtschaftlichen Aufschwung. Das Gemälde vom Schifferstechen auf der Ill aus dem Jahr 1666 zeugt von jahrhundertealten Traditionen. Strasbourg hat zudem einen großen Anteil an der Entwicklung der Buchdruckkunst, lebte doch Johannes Gutenberg von 1434 bis 1444 in dieser Stadt, bevor er im Jahr 1454 das erste Buch in Mainz druckte, das der gesamten Welt neue Möglichkeiten des Wissenstransfers schenkte. Mit zehn Werkstätten war Strasbourg zwischen 1460 und 1480 ein Zentrum der frühen Buchdruckkunst. Eindrücklich ist das 3D-Stadtmodell, das Strasbourg im Jahr 1727 darstellt. Ab 1620 führte der Tabakhandel zum wirtschaftlichen Aufschwung der Stadt. 1681 eroberte der Sonnenkönig Ludwig XIV. Strasbourg, das dann im 19. und 20. Jahrhundert infolge der schrecklichen Kriege zwischen Frankreich und Deutschland wechselte, bis endlich nach dem Zweiten Weltkrieg mit der deutsch-französischen Freundschaft die Vernunft obsiegte. Heute ist Strasbourg Sitz des Europäischen Parlaments und zahlreicher weiterer europäischer Institutionen.

DER BUCHSTABE SUCHT DAS BUCH

Plötzlich, ich traue meiner Haut nicht, befinde mich auf dem Weg durch das Museum, betrachte jedes einzelne Exponat, das mir Informationen über diese so spannende Stadt vermittelt, klopft jemand auf meine Schulter. Zuerst erschrecke ich. Doch dann sagt mein Verstand, dass es ein Bekannter sein muss, der wie ich einen Museumsrundgang unternimmt. Ha, freue ich mich, dann können wir zusammen einen Flammekuchen essen gehen, ich kenne da ein besonders schmackhaftes Lokal. Nein, nicht ein schmackhaftes Lokal, einen besonders begabten Flammekuchenkoch. Oder Bäcker? Egal, der Hunger beginnt bereits an meinen Gedärmen zu nagen. Nagen ist übertrieben, zu kitzeln. Lese den Text zu Ende. Der Schulterklopfer soll ruhig warten, denke ich. Doch er insistiert. Ich drehe mich stets nur unwillig um, die Wissbegierde kämpft mit meinem Hungergekitzel und der Neugier, wer das sein mag. Ich entschließe mich, das Rätsel zu lösen. Drehe mich um. Und da, ich erstarre beinahe zu einer Salzsäule, steht ein großes B mir gegenüber. Mit stechenden Augen. Einer gut ausgebildeten Brust. Einem imponierenden Bauch. Eine Sie? Können Bs auch weiblich sein, huscht ein Gedanke durch meinen Kopf, der sehr erschrocken und erstaunt, ja rot gefärbt sein muss. Es ist aber kein Spiegel in der Nähe und der, die, oder das B vor mir trägt keinen Spiegel auf sich, ist auch nicht verspiegelt. Und da, auch das kann ich nicht glauben, kneife mich in den Arm, um festzustellen, ob ich träume, aber dem scheint nicht so, beginnt der Riesenbuchstabe Bs zu spucken: »BBBBBBBBBBBbbbbbbb«, die mit der Zeit kleiner werden, bis der, das, die B zu sprechen beginnt: »Entschuldigen Sie«, also höflich scheint es zu sein, »entschuldigen Sie die Störung, können Sie mir den Weg zu meinem Buch zeigen? Ich habe letzte Nacht einen kleinen Ausflug unternommen, wissen Sie, Sie müssen das verstehen, in meiner Heimat, meinem Buch ist es langweilig, stellen Sie sich vor, seit 550 Jahren eingesperrt sein, nein, das ist nicht lustig, keine Abwechslung, Langeweile, aber jetzt bin ich ob der so zahlreichen Eindrücke müde, möchte wieder nach Hause, das verstehen Sie bestimmt, haben sicher auch ein eigenes Heim, einen Ort, an dem Sie sich wohl und geborgen fühlen …«, und der Buchstaben spricht immer schneller und schneller, so dass ich ihn kaum mehr verstehe, schlussendlich einzig noch große und kleine BbBbbbbBBBs unterscheiden kann. Endlich verstehe ich jetzt das geflügelte Wort: »der spricht wie ein Buch« und wünsche dem B viele kleine und große Flügel!

STRASBOURG

Musée de l'Œuvre Notre-Dame

- 3 place du Château, +33 3 68 98 50 00
- Boutique, Accès train, Accès bus

Foto: Musées de la Ville de Strasbourg / M. Bertola

Nicht verpasst werden darf in Strasbourg das Museum de l'Œuvre Notre-Dame, das in einem alten Gebäude gegenüber der Kathedrale die Geschichte dieser großartigen Kirche beherbergt. Seit dem 13. Jahrhundert kümmert sich eine Stiftung um den Bau und Unterhalt dieses Weltkulturerbes der Menschheit. Die Originale aus der Kathedrale, die zum Schutz vor Umweltschäden jetzt in diesem Museum vorzufinden sind und an der Kirche durch Kopien ersetzt wurden, sind mehr als beeindruckend. Steht man den Original-Löwen gegenüber, die sonst hoch oben an der Kathedrale, jetzt als Kopien thronen, erfasst einen Ehrfurcht vor der grandiosen Steinmetzkunst des Mittelalters, die auch am Taufbecken zu bewundern ist. In den verschiedenen Stockwerken sind auch herrliche Truhen, romanische und gotische Gesichter, Glasmalereien in heute nicht mehr vorhandenen Farben, Glaskunstwerke, Beispiele von Gold- und Silberschmiedekunst zu bewundern. Auch die in der Tradition des Oberrheins von großer Kultur zeugenden Holzskulpturen und Gemälde sind außerordentlich sehenswert. Zudem beherbergt das Museum die Originalbaupläne des Straßburger Münsters, die jeweils sonntags nach Anmeldung an der Museumskasse in zwei Gruppen zu besichtigen sind. Kopien davon hingegen sind jederzeit im Museum zugänglich! Dieses so reiche Museum ist allein eine Reise nach Strasbourg wert!

DER KÄFER IN DER ASTRONOMISCHEN UHR ZU STRASBOURG

Erstaunlich, was diese astronomische Uhr im Straßburger Münster alles vollbringt. Vollbringen kann! Den Gang der Sonne durch das Jahr. Die Stellung der Planeten. Die genaue Zeit. Sekundengenau! Könnte fast mit der Atomuhr verglichen werden. Doch dazu fehlen freilich Sekunden. Diesem Rätsel will ein Professor der hiesigen Universität auf den Grund gehen. Weshalb, so lautet die Aufgabe für ihn und sein Forscherteam, das aus seinen Studenten der höheren Semester besteht, weshalb muss die Uhr jeweils in Schaltjahren um einige Sekunden nachjustiert werden? Haben die Erbauer der Uhr gepfuscht? Alles ist so genau!

Und trotz allem fehlen jeweils Ende des Jahres Sekunden. Ins Bodenlose des Alls oder des Universums gefallen. Verfallen. Verfallzeit? Zerfallzeit? So wie ein Atom zerfallen kann. Haben die Erbauer vor Hunderten von Jahren auf eben dieses Phänomen aufmerksam machen wollen? Kannten sie weit mehr Zusammenhänge, als wir heute vermuten? Waren es gar Außerirdische, die den Zeitzerfall uns mitteilen wollten? Der Lehrstuhlinhaber wies seine Studenten darauf hin, dass in jedem Menschenleben Sekunden fehlen würden. Aber dessen sei man sich erst im fortgeschrittenen Alter bewusst. Also erst als Greis, obwohl darüber könne er nicht berichten, er befürchte, dass das Phänomen dann wirklich beängstigend sein könne, wenigstens deuteten all seine Berechnungen darauf hin. Er aber, in der Mitte des Lebens stehend, könne das bereits bemerken. Ihm fehlten Schrecksekunden, die ihm abhandengekommen seien, Ekstase-Sekunden, die ihm verloren gingen, als er sich in einer anderen Dimension befand, also nur für Sekunden selbstverständlich. Der astronomischen Uhr müsse es gleich ergehen, wenn man bedenke, was diese alles bereits erlebt hat in ihrer Lebenszeit. Was für Schrecknisse ihr Menschen in ihrem Machtstreben zufügten. Das müsse der Grund der Zeit, der Sekundenverzögerung sein. Er denke, dass die einzige Möglichkeit, Klarheit und eine völlig wahre Antwort zu erhalten, darin bestehe, die Sprache der Uhr zu entschlüsseln. Dazu werde er jetzt das Wagnis in Angriff nehmen, in die astronomische Uhr hineinzuschlüpfen. Ihr zuzuhören. Ihr Ticken zu entschlüsseln, es könne ja sein, dass alles nur ein Tick sei! Oder ein Trick, um Aufmerksamkeit auf sich zu lenken. Und so stieg der Professor mit einer Lawinenschnur gesichert in das Uhrwerk, kam nach 24 Stunden wieder heraus. Zum Schrecken all seiner Studenten als Kleinkind, das nach seiner Mutter schrie, denn der Zeitkäfer, der in der Uhr seit Jahrhunderten sein Unwesen treibt, hatte dem genialen Akademiker beinahe alle Lebenssekunden gestohlen und den Studenten damit die Antwort auf die von ihm gestellte Aufgabe erteilt. Die Studenten, das sei dankbar vermerkt, nahmen sich des Kleinkinds an, pflegten und hegten es, gaben es mit 12 Jahren, als es voll das Flegelalter auslebte, einem Psychiater in Obhut, der ohne die Vorgeschichte zu kennen treffsicher ein krankhaftes Zeit-Syndrom diagnostizierte …

STRASBOURG

Musée Tomi Ungerer – Centre international de l'Illustration

- Adapté aux familles
- 2 avenue de la Marseillaise, +33 3 68 98 50 00
- Accès en fauteuil roulant, Accès bus

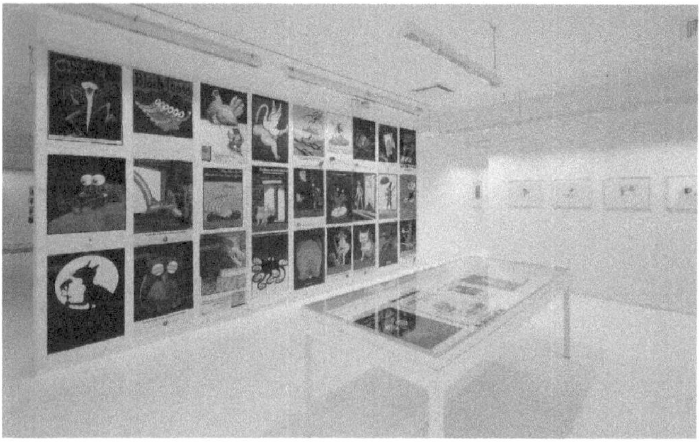

Foto: Musées de la Ville de Strasbourg / M. Bertola

Ein Blick in die Ausstellung »Tomi Ungerers Plakate«

Das Museum Tomi Ungerer widmet sich auf drei Etagen der Kunst der Illustration. Im Erdgeschoss werden die Originalzeichnungen der bekanntesten Kinderbücher Tomi Ungerers – vom Beginn seiner Karriere bis heute – ausgestellt. Ein interaktiver Tisch ermöglicht die spielerische Annäherung an diese Sammlung. In der ersten Etage werden Plakate und Originalzeichnungen aus dem Bereich der Werbung sowie satirische Werke des Künstlers gezeigt. Die Gartenebene beherbergt mit erotisch-satirischen Zeichnungen eine weitere Facette des Werkes Tomi Ungerers. In den

Rundgang integriert sind außerdem einige mechanische Spielzeuge aus der Sammlung des Künstlers. Aufgrund der hohen Empfindlichkeit der Sammlungen grafischer Kunst präsentiert das Museum die Werke in wechselnden Ausstellungen, um sie in möglichst gutem Zustand zu erhalten. Drei Mal im Jahr wird die Hängung erneuert, sodass immer wieder neue Facetten des grafischen Werkes Tomi Ungerers entdeckt werden können. Außerdem hat sich das Museum zum Ziel gesetzt, die in der Öffentlichkeit bislang noch wenig bekannte Geschichte der Illustration vom 19. Jahrhundert bis in die Gegenwart zu vermitteln. In diesem Kontext werden in monografischen und thematischen Sonderausstellungen immer wieder auch die Werke anderer Zeichner präsentiert. Seit 2007 wurden so Ausstellungen zu Künstlern wie Saul Steinberg und Bosc sowie Themen wie die Entwicklung des deutsch-französischen Paares in der Satirezeichnung organisiert.

Die Einstimmung auf das Museum mit Werken des 2019 verstorbenen, 1931 in Strasbourg geborenen weltbekannten Satire-Künstlers und seiner Freunde erfolgt über eine sich oberhalb eines Gartens dahinschlängelnde Rampe. Ungerer, der in Strasbourg wirkte und seinen Nachlass der Stadt Strasbourg hinterlassen hat, führte die zeichnerische Glosse zur Hochform, davon zeugen seine Cartoons und eine Filmanimation, die im Museum zu bewundern ist. Am bekanntesten wurde er aber mit seinen Kinderbüchern, die mit enormem Einfühlungsvermögen in die Kindersicht seit Generationen kleine und große Leserinnen und Leser begeistern. Im Museum tauchen die Besucher so richtig in die Welt des Tomi Ungerer ein! Eine wahre Freude!

DAS DREIRAD

Einsam steht es da, das Dreirad. Sehnt sich nach einem Kind, das es ausfährt. Denn was soll ein Dreirad in einem Museum? Ausgestellt. Zwar bewundert, aber ohne jeden Nutzen. Erwachsene stehen vor ihm. Kinder. Lächeln. Lachen. Wird ausgelacht. Weiß nicht weshalb. Kann nicht erkennen, warum kein Kind mit einem Jauchzer sich auf das Rad schwingt. Auch sind keine Dreiräder in der Nähe, mit denen es sich austauchen könnte. Aus der Fantasie eines großen Künstlers entsprungen, ist es einsam, obwohl, so sieht es sich selbst, es bestimmt zum Adel der Dreiradfamilie gehören muss. Wenn auch klein gewachsen, so doch selbstbewusst. Seine Einmaligkeit erkennend, deshalb auch seine Einsamkeit halbwegs, wenn auch trauernd tragend. Bis eines Tages ein Kind, ein Dreikäsehoch sich streckt und reckt und seinem Großvater, mit dem er das Museum an seinem Geburtstag der vielen ausgestellten Kinderbücher und Spielsachen wegen besuchen darf, zuruft: »Hat ja keine richtigen Reifen! Mit den Kreissägeblättern als Räder, wie du welche an deiner Säge hast, kann es doch unmöglich vorwärts kommen, es sei denn, es schneidet den Boden vor sich auf und fällt hinab. Großvater, hat dieses Dreirad das Sprichwort erfunden, das du mir manchmal sagst: ›Wer anderen eine Grube gräbt, fällt selbst hinein‹?«

THIONVILLE

Musée de la Tour aux Puces

- Cour du Château, +33 3 82 82 25 52/49
- Boutique, Parking, Accès train, Accès bus

In einem imposanten Festungsturm befindet sich dieses spannende Museum. Bereits die Anlage des Turms heischt Respekt. Um den Namen Tour aux Puces, Flohturm, ranken sich zahlreiche Legenden. So soll der Turm einer römischen Legion, die von Läusen überfallen worden war, Schutz geboten haben, oder das Wort komme von Tour des Puits, Turm der Ziehbrunnen, was doch als wahrscheinlicher betrachtet werden kann! Das Museum wurde 1905 eröffnet und 1998 vollständig renoviert. Das Museum ist eine Augapfelfundgrube der Ausgrabungen und Funde der Region! Im verwinkelten Turm sind aus der Stein- und Eisenzeit, der gallo-römischen und der mittelalterlichen Zeit zahlreiche Exponate zu bewundern. Stein- und Eisenzeitexponate, Klingen, Halsreife, Werkzeuge aus Bronze sind ausgestellt. Besonders eindrücklich sind die römischen Funde vom 1. bis ins 4. Jahrhundert. Da fällt eine Löwenskulptur, die einen Menschenkopf zwischen den Tatzen hält, besonders auf! Die Gipskopie einer herrlichen Pyramide aus Knochen aus dem 4. Jahrhundert n. Chr. zeigt in Reliefform den Einzug Jesu in Jerusalem in wundervoll geschnitzten Einzelheiten! Absolut sehenswert! Im obersten Stockwerk, zu erreichen durch die Turmtreppen der Originalfestung, finden sich mittelalterliche Funde. Eine Bronzestatue Karls des Großen in feinster Ausführung, ein Holzsarkophag, ein Skelett aus der Zeit und ein vollständiges Steingrab mit Knochenresten. Eindrucksvoll sind auch die kunstvollen Grabplatten aus dem Augustinerkloster von Diedenhofen aus dem 15. Jahrhundert, über die, da sie unter Glas im Boden eingelassen sind, es möglich ist, gemächlich zu schreiten, um die vielen feinen Details zu erkunden. Zu entdecken sind auch Siegel sowie das alte in Stein gehauene Wappen von Thionville. Weitere Gegenstände erzählen von der wechselvollen, oft kriegerischen Vergangenheit der Stadt, die bald unter deutscher, dann unter französischer Herrschaft ein Zankapfel der Herrschaftsansprüche der mittelalterlichen Herrschergeschlechter darstellte. Gut, dass diese Zeiten der Vergangenheit angehören und dass wir uns heute eines Besseren besonnen haben!

DAS SIEGEL

Im Schaukasten liegt das Siegel. Suhlt sich, ohne dass die Betrachter es erkennen können, in Selbstmitleid. Denn einst war es mit Macht ausgestattet. Ohne seinen Einsatz konnte kein Vertrag, keine Abmachung unter Fürsten rechtsgültig abgeschlossen, kein Krieg erklärt, keine Vermählung, die dem Erhalt der Macht, der Ausweitung des Territoriums diente, abgeschlossen werden. Und wenn einem Gegenstand alle Macht, jeder Einfluss entzogen wird, wieso soll er nicht trauern? Leise trauern. Denn immerhin – und das wiederholt ihm das Glas, das es, das einst mächtige Siegel, umschließt – habe es doch im Gegensatz zu zahlreichen Siegelbrüdern und -schwestern überlebt. Jahrhunderte überlebt, was ihm, dem umschließenden Glas, wohl nicht vergönnt sei. Doch auch dieser Trost, dieser wohlgemeinte Trost hilft nicht, zaubert keine Dankbarkeitstropfen hervor. Da, eines Tages tritt eine Schulklasse vor den Schaukasten. Betrachtet das Siegel. Hört der Lehrerin zu, die erklärt, wie bedeutungsvoll in früheren Zeiten solch ein Gegenstand in Händen eines Fürsten gewesen sei. Bittet die Kinder ihren Zeichenblock auszupacken. Gibt ihre Aufgabe bekannt, das Siegel genau abzuzeichnen, um dann in der Schulwerkstatt genaue Ebenbilder herzustellen, um anschließend Briefe und Dokumente mit Hilfe von rotem Wachs damit zu zieren. Dem Ausstellungsstück schwillt dadurch die rote Farbe. Erstmals fühlt es sich seit langer Zeit verstanden.

Die Kinder verbringen Stunden vor der Vitrine. So viel Aufmerksamkeit hat das Siegel seit Jahrzehnten, ja Jahrhunderten nicht mehr erlebt. Und als die abendliche Schließung des Museums erfolgt, die Kinder mit ihren Zeichnungen, die das Siegel als sein Ebenbild erkennt, längst gegangen sind, hält es die Spannung nicht mehr aus. Diese überträgt sich auf das Glas. Das lautlos zerbirst, das einstige Machtinstrument dadurch entlässt, das seine roten Bänder jetzt als Flügel nutzt und das Zeitliche im Rückwärtsgang segnet, erneut zu Füßen des einstigen Fürsten kniet und seinen Dienst erneut aufnimmt. Doch durch das Erfahrene, das Wissen, dass Versöhnung und Frieden mehr bringen als Krieg, wird es sich vom Herrscher nur noch unter Friedensdokumente setzen lassen …

WATTWILLER

Historial franco-allemand de la Grande Guerre au Hartmannswillerkopf

- Adapté aux familles
- Col du Silberloch, Lieu-dit Vieil Armand, +33 9 71 00 88 77
- Accès en fauteuil roulant, Boutique, Parking, Restaurant

Hoch oben, auf einem der höchsten Punkte der Vogesen ist das Historial am Hartmannswillerkopf 2017 von den Staatspräsidenten Frankreichs und Deutschlands eingeweiht worden. Geweiht als Erinnerungsstätte der furchtbaren und mörderischen Kämpfe zwischen 1914 und 1918 an dieser Stelle, die über 7000 Gefallene und 18000 schwer verwundete sowie zahllose traumatisierte Soldaten hinterließen. Der Wahnsinn des Kriegs wird an dieser Gedenkstätte den Besuchern auf unvergessliche Weise vor Augen geführt: Die Erstellung dieses Museums ist besonders bewegend, da es von den beiden ehemaligen Kriegsgegnern der Grande Guerre gemeinsam als Friedensprojekt gestaltet wurde. In Filmen und 3D-Präsentationen sowie zahlreichen Zeugenaussagen aus Briefen und Tagebucheinträgen wird der Irrsinn einer entsetzlichen kriegerischen Auseinandersetzung gezeigt, aber auch bewiesen, dass durch Völkerverständigung Friedenslösungen in beidseitigem Interesse nach furchtbaren Wirren gefunden werden können. Im Museum sind Schützengräben nachgebaut mit all ihren Inhalten, wird die Geschichte nachgezeichnet, wie es zu diesem Krieg kam, der 3,3 Millionen französischen und deutschen Soldaten das Leben kostete, jungen hoffnungsvollen Menschen, denen das Leben entwendet wurde. Hier wird auch deutlich, wie wichtig der europäische Zusammenschluss für die Friedenssicherung ist, der übrigens bereits 1849 vom großen französischen Dichter Victor Hugo angeregt wurde. Wie viel Leid und Schrecken hätte vermieden werden können, wenn die Politiker diesem großen Geist gefolgt wären! Überreste der Logistik der Kämpfe können auf den ehemaligen Kampfstätten als Anschauungsunterricht des Wahnsinns besichtigt werden. Neben dem Museum ist eine eindrückliche Krypta aufzusuchen, in welcher der Toten in berührender Form mit einem jüdischen, einem katholischen und einem evangelischen Altar gedacht wird.

Mein persönlicher Wunsch nach der Besichtigung ist, dass an allen heutigen Kriegsschauplätzen möglichst bald durch Völkerverständigung ähnliche Erinnerungsstätten geschaffen werden können.

PLUS JAMAIS! NIE MEHR!

Es ist dunkle Nacht in der Gedenkstätte. Die kleine graue Maus sucht verzweifelt nach Krümeln, die wie an den meisten Tagen aus Rucksäcken und Taschen von Besuchern gefallen sind. Da der vergangene Regentag nur wenige Besucher kommen ließ, ist ein Fastentag angesagt. Denn die Mäusefamilie muss ernährt werden. Was gefunden wird, geht ab ins Mauseloch hinter den Holzplanken. Da! Plötzlich taucht der Museumskater auf! Sprungbereit. Seine wie Kohle glühenden schwarzen Augen jagen der Maus einen gewaltigen Schrecken ein. Wie gelähmt ist sie. Am ganzen Körper zitternd. Gedankenüberfall. Gedanken jagen durch ihr graues Köpfchen. Rettung! Aber wie? Fliehen? Zu spät. Ducken. Bringt nicht viel. Tot stellen? Hilft bei diesem Feind nicht. Ablenken? Aber wie? Da, ein halbfertiger Gedankenblitz, der sich in ihrem kleinen Hirn ausbreitet. Von ihm Besitz ergreift. Den gesamten kleinen Körper voll erfasst! Bis die Maus nur noch einen einzigen Gedanken darstellt. Kein Zittern mehr. Auf die Hinterbeine stellen, befiehlt er ihr. Verhandle! Spreche! In Katzensprache natürlich. Und obwohl nicht erlernt, kann unser Mäuschen das durch die Kraft des Blitzgedankens urplötzlich. Da der Blitz nun auch den Kater erfasst, versteht er urplötzlich auch die Mäusesprache! Das Selbstbewusstsein der Maus steigt durch die Blitzenergie in ungeahntem Maße! Sie fühlt sich nun als Riesenmaus. Dem Kater ebenbürtig. Und der schrumpft. Beginnt zu schnurren. Legt sich in Wohlfühlkatzenart nieder. Unser Mäuschen, Korrektur: Unsere Maus schlägt dem Kater vor, von den Menschen, von diesem Museum, ihrer gemeinsamen Wohnstätte, zu lernen. Schlägt vor: PLUS JAMAIS! NIE WIEDER!

Und so hofft der Autor dieser Zeilen: Wenn sie nicht gestorben sind, und auch dann, leben sie, wie wir, in Frieden und Wohlgefallen weiter!

WINGEN-SUR-MODER

Musée Lalique

- Adapté aux familles
- 40 rue de Hochberg, +33 3 88 89 08 14
- Accès en fauteuil roulant, Boutique, Parking, Restaurant, Accès train

© Musée Lalique

Parfumflaschen von René Lalique

Das Museum Lalique ist René Lalique gewidmet. Dieser lebte von 1860 bis 1945, gründete seine eigene Glashütte in Wingen-sur-Moder in den nördlichen Vogesen. Noch heute werden im Dorf in der »Lalique Produktion« 230 Mitarbeiterinnen und Mitarbeitern beschäftigt. Der informelle Titel, den die Bevölkerung und die Kenner René Lalique verliehen haben, ist wahrlich mehr als verdient: »Der Glaspoet«!

Lalique schuf Schmuck, Kristallkollektionen und viele weitere meisterliche Kunstwerke, welche die Epoche des Jugendstils wesentlich beeinflussten. All das, nämlich über 650 außergewöhnliche Kunstobjekte, mit denen die Karriere von René Lalique und seinen Nachfolgern sich nachzeichnen lassen, können in diesem außergewöhnlichen Museum bewundert werden. So auch Meisterwerke der fantasiereichen Puderdosen und der Flacon-Kunst, frei nach Robert Riccis Aussage: »Wenn Parfüm ein Kunstwerk ist, muss sein Behältnis ein Meisterwerk sein, das Meisterwerk eines Handwerkers.«

Das Glas ist im Museum in verschiedenen Themenbereichen dargestellt: Tischkultur, Architektur, dekorative Objekte und natürlich Kristall!

Lalique wollte für so viele Menschen wie möglich schöne Dinge erschwinglich machen, produzierte deshalb häufig in Serie, verwendete dazu Pressformen.

Er brachte das Glas in alle Bereiche des Lebens, gestaltete Vasen, Leuchten, Statuen, Uhren, Kühlerfiguren für Automobile der wilden Zwanziger, Tintenfässer, Spiegel und zahllose wundervolle Schmuckkreationen. Daneben schuf Lalique auch großformatige Kunstwerke, die mittels Filmen und Fotos den Besuchern im Museum nähergebracht werden.

Der Besuch im Museum ist ein wahres Erlebnis, das nicht verpasst werden sollte!

DER GEIST AUS DER PARFÜMFLASCHE

Was können Gerüche betören, nicht nur einen Tor, nein sie öffnen Tür und Tor zu Fantasien und Abenteuer, wie mir der Parfümeur mit zahllosen Geruchsfantasien im 1. Klasse-Zugabteil des Côte d'Azur Pullman Express zu beweisen sucht. Ich habe diese Nostalgiefahrt gebucht, um endlich etwas Ruhe von der Hektik des Alltags zu gewinnen. Eines Alltags, der mich als Verleger eines mittleren Buchverlages beinahe an die Grenzen meiner Nervenkraft zu bringen droht. Mit allen Mitteln, schriftlichen, elektronischen, mündlichen, besucherischen und auch Stalking, werde ich tagtäglich und nachtnächtlich bombardiert, bin Mittelpunkt der schriftstellerischen Attacken, wobei ein jedes Individuum, ob weiblich, sächlich oder männlich, der Ansicht ist, ein einmaliges Genie der Sonderklasse darzustellen, das ich unbedingt und unverfroren zu berücksichtigen hätte, denn sonst sei die literarische Welt dem Untergang geweiht. So bin ich entspannt in meinem Polstersitz, glücklich, dass ich endlich, endlich einer ganz anderen Berufsgattung gegenübersitze, an deren Erfahrungen in der Osmologie ich teilhaben und der Buchstabenwelt den Rücken kehren kann. Durch meine Nase versuche ich zu erleben, was der elegante Mitreisende alles für Gerüche in seinem Körperkoffer mit sich trägt; er benötigt als Spezialist bestimmt kein normales Gepäckstück, bewahrt alle Gerüche, denen er in seinem Leben je begegnete, in oder auf seiner Haut, die er zu Markte tragen müsse, um Erfolge einzuheimsen. Und tatsächlich, als ich, als sei mein Riechorgan einem Hund zugehörig, lebhaft schnüffle, falle ich beinahe in Ohnmacht, oder besser ausgedrückt in bewusste Bewusstlosigkeit, so intensiv umwehen mich die Winde der mich erreichenden Düfte. In allen Lichtschattierungen bewegen diese sich auf mich zu. In Spektralfarben, die ich noch nie erblickt habe, umschwirren die Gerüche meine Augen. Was für ein wundervoller Beruf, denke ich mir gleich. Und was für ein armseliger der meine. Muss unbedingt erfahren, wie ich meine Beschäftigung eintauschen, auswechseln, ersetzen, neu gestalten kann. Riechende Bücher? Nein, das wäre ein Sakrileg an der Kunst des Riechens! Muss andere Wege finden. Und weiter stürzen die Düfte auf mich ein. Von der Muttermilch über die bewundernswertesten weibliche Schönheiten, auf deren Rosen- oder Moschusdüfte schon Don Giovanni und Casanova – letzterer aus der Hitze der venezianischen Bleikammern – ihr Loblied anstimmten. Dann der Duft frisch gebackenen Brots, aufgefangen von einem Hungernden, Schokoladendüfte, von einem Meister der kakaotisierenden Künste geschaffen! Mein Hirn beginnt aus den Fugen zu geraten ob solcher Vielfalt, was mein Reisenachbar mit einem innigen Lächeln begleitet, um kurz darauf mit einer Frage anzuheben, die mich vorerst beinahe vom Riechsockel zu stürzen droht, mich dann endgültig in tiefsten Fall versetzt:

»Nicht umsonst«, beginnt mein Mitreisender, »sitze ich hier bei Ihnen, werter Herr, Sie sind doch Verleger, ich suche den idealen Buchvermarkter, der ein Buch über die Düfte verlegen kann. Sind Sie daran interessiert?« Und unmittelbar und ohne Vorwarnung erreicht mich nur noch einzig der Geruch eines einfältigen Schreiberlings, der seit Jahrzehnten wohl bereits einen Herausgeber für ein unverkäufliches Werk sucht und nicht findet.

WEITERE MUSEEN, DIE MIT DEM MUSEUMSPASS BESUCHT WERDEN KÖNNEN (alphabetisch nach Orten aufgelistet; Stand April 2021)

ANDLAU

Les Ateliers de la Seigneurie

- Place de la Mairie, +33 3 88 08 65 24
- Accès en fauteuil roulant, Boutique

ARBOIS

Musée de la vigne et du vin du Jura

- Château Pécauld, +33 3 84 66 40 45
- Accès en fauteuil roulant, Boutique

BANTZENHEIM

La Grange à bécanes

- 8 rue du Général-de-Gaulle, +33 3 89 26 23 36
- Accès en fauteuil roulant, Boutique, Parking, Accès train

BARR

La Folie Marco

- 30 rue du Docteur Sultzer, +33 3 88 08 94 72
- Restaurant

BELFORT

Musée d'Art moderne – Donation Maurice Jardot

- Adapté aux familles
- 8 rue de Mulhouse, +33 3 84 54 27 57
- Accès en fauteuil roulant, Boutique, Parking, Accès train, Accès bus

Musée des Beaux-Arts de Belfort

- Adapté aux familles
- Rue Georges Pompidou, Tour 41, +33 3 84 54 27 87
- Accès en fauteuil roulant, Boutique, Parking, Accès train, Accès bus

TOUR 46

- Adapté aux familles
- Rue de l'Ancien Théâtre, +33 3 84 54 25 46
- Accès en fauteuil roulant, Boutique, Parking, Accès train, Accès bus

BESANÇON

Musée du Temps

- Adapté aux familles
- 96 Grande rue (Palais Granvelle), +33 3 81 87 81 50
- Accès en fauteuil roulant, Boutique, Parking, Accès bus

BIESHEIM

Musée de l'Instrumentation Optique

- Place de la mairie, Le Capitole, +33 3 89 72 01 59
- Accès en fauteuil roulant, Parking

BITCHE

Citadelle de Bitche

- rue des tilleuls, +33 3 87 96 18 82
- Boutique, Parking, Restaurant

BLIESBRUCK

Parc archéologique européen de Bliesbruck-Reinheim

- 1 rue Robert Schuman, +33 3 87 35 02 20
- Accès en fauteuil roulant, Boutique, Parking, Restaurant, Accès bus

BOUXWILLER (BAS-RHIN)

Musée Judéo-Alsacien

- 62a grand-rue, +33 3 88 70 97 17
- Accès en fauteuil roulant, Boutique

COLMAR

Musée d'Histoire Naturelle et d'Ethnographie

- Adapté aux familles
- 11 rue Turenne, +33 3 89 23 84 15
- Boutique, Parking, Accès train, Accès bus

Musée du Jouet

- Adapté aux familles
- 40 rue Vauban, +33 3 89 41 93 10
- Accès en fauteuil roulant, Boutique, Accès train, Accès bus

DENEUVRE

Musée des Sources d'Hercule

- 1 place Jean Marie Keyser, +33 3 83 75 22 82
- Accès en fauteuil roulant, Boutique, Parking

ENSISHEIM

Musée de la Régence

- 6 place de l'Eglise, +33 3 89 26 49 54
- Parking, Accès bus

ÉPINAL

Musée départemental d'art ancien et contemporain

- 1 place Lagarde, +33 3 29 82 20 33
- Accès en fauteuil roulant, Accès train

Musée de l'Image

- 42 quai de Dogneville, +33 3 29 81 48 30 / 29 34 21 87
- Accès en fauteuil roulant, Boutique, Parking, Accès bus, Accès bateau

ERSTEIN

Musée Würth

- Rue Georges Besse, Z.I. Ouest, +33 3 88 64 74 84
- Accès en fauteuil roulant, Boutique, Parking, Restaurant, Accès train

FESSENHEIM

Espace muséographique «Victor Schoelcher, son œuvre»

- 21 rue de la Libération, +33 3 89 62 03 28
- Accès en fauteuil roulant, Boutique

FOUGEROLLES

Ecomusée du pays de la cerise

- 206 le Petit-Fahys, +33 3 84 49 52 50
- Boutique, Parking, Accès bus

GEISPOLSHEIM-ILLKIRCH

Les Secrets du Chocolat

- Adapté aux familles
- Rue du Pont du Péage, +33 3 88 55 04 90
- Accès bus, Parking, Restaurant, Boutique, Accès en fauteuil roulant

GRAVELOTTE

Musée départemental de la Guerre de 1870 et de l'Annexion

- Adapté aux familles
- 11 rue de Metz, +33 3 87 33 69 40
- Accès en fauteuil roulant, Boutique, Parking

GRAY

Musée Baron Martin

- 6 rue Edmond Pigalle, +33 3 84 65 69 10
- Boutique, Parking, Accès bateau

GUEBWILLER

Musée Théodore Deck et des Pays du Florival

- 1 rue du 4 Février, +33 3 89 74 22 89
- Boutique, Parking, Accès bus

HAGUENAU

Musée Alsacien de Haguenau

- Adapté aux familles
- 1 place Joseph Thierry, +33 3 88 06 59 99
- Parking, Accès train, Accès bus

Musée du Bagage de Haguenau

- Adapté aux familles
- 5 rue Saint-Georges, +33 3 88 63 44 43
- Accès en fauteuil roulant, Accès train

Musée Historique de Haguenau

- Adapté aux familles
- 9 rue du Maréchal Foch, +33 3 88 90 29 39
- Parking, Accès train, Accès bus

HUSSEREN-WESSERLING

Parc de Wesserling – Ecomusée textile

- Rue du parc, +33 3 89 38 28 08
- Accès en fauteuil roulant, Boutique, Parking, Restaurant, Accès train, Accès bus

JARVILLE-LA-MALGRANGE

Musée de l'Histoire du Fer

- Adapté aux familles
- 1 avenue du Général de Gaulle, +33 3 54 50 21 82
- Boutique, Parking, Accès bus

LAQUENEXY

Jardins Fruitiers de Laquenexy

- 4 rue Bourger et Perrin, +33 3 87 35 01 00
- Accès en fauteuil roulant, Boutique, Parking, Restaurant, Accès bus

LAUTENBACH-ZELL

Vivarium du Moulin

- 6 rue du Moulin, +33 3 89 74 02 48
- Accès en fauteuil roulant, Boutique, Parking

LUNÉVILLE

Château de Lunéville

- Place de la 2ème division de Cavalerie, +33 3 83 76 04 75
- Accès en fauteuil roulant, Boutique, Parking

MANDEREN

Château de Malbrouck

- Adapté aux familles
- +33 3 87 35 03 87
- Accès en fauteuil roulant, Boutique, Parking, Restaurant, Accès bus

Marmoutier

Point d'Orgue – Centre d'Interprétation du Patrimoine de Marmoutier

- 50 rue du couvent, +33 3 88 71 46 84
- Accès en fauteuil roulant, Boutique

MARSAL

Musée départemental du Sel de Marsal

- Place Porte de France, +33 3 87 35 01 50
- Accès en fauteuil roulant, Boutique, Parking, Accès bus

MEISENTHAL

Site verrier de Meisenthal

- Place Robert Schuman, +33 3 87 96 91 51
- Accès en fauteuil roulant, Boutique, Parking Fermé en raison de travaux jusqu'en juillet 2021

METZ

Musée de La Cour d'Or – Metz Métropole

- 2 rue du Haut Poirier, +33 3 87 20 13 20
- Accès en fauteuil roulant, Boutique, Accès bus

MIRECOURT

Musée de la lutherie et de l’archèterie Françaises

- Cours Stanislas, +33 3 29 37 81 59
- Accès en fauteuil roulant, Boutique, Parking, Accès bus

MOLSHEIM

Musée de la Chartreuse et Fondation Bugatti

- 4 cour des Chartreux, +33 3 88 49 59 38
- Boutique, Parking, Accès train, Accès bus

MONTBÉLIARD

Musée d’Art et d’Histoire – Hôtel Beurnier-Rossel

- 8 place Saint-Martin, +33 3 81 99 22 61
- Parking, Accès train, Accès bus

Musée du Château des ducs de Wurtemberg

- +33 3 81 99 22 61
- Accès en fauteuil roulant, Boutique, Parking, Accès train, Accès bus

MULHOUSE

Musée des Beaux Arts de Mulhouse

- Adapté aux familles
- 4 place Guillaume Tell, (Villa Steinbach), +33 3 89 33 78 11
- Accès en fauteuil roulant, Boutique, Parking, Accès train, Accès bus

Musée Historique de Mulhouse

- Adapté aux familles
- Place de la Réunion, +33 3 89 33 78 17
- Boutique, Accès train, Accès bus

Musée de l'Impression sur Étoffes

- Adapté aux familles
- 14 rue Jean-Jacques Henner, +33 3 89 46 83 00
- Accès en fauteuil roulant, Boutique, Parking, Restaurant, Accès train, Accès bus

NANCRAY

Musée des maisons comtoises

- Rue du musée, +33 3 81 55 29 77
- Accès en fauteuil roulant, Boutique, Parking, Restaurant

NANCY

Conservatoire et Jardins botaniques de Nancy

- Adapté aux familles
- 100 rue du jardin botanique, +33 3 83 41 47 47
- Accès en fauteuil roulant, Boutique, Parking, Accès bus

Galerie Poirel

- 3 rue Victor Poirel, +33 3 83 32 31 25
- Accès en fauteuil roulant, Accès train, Accès bus

Musée des Beaux-Arts de Nancy

- 3 place Stanislas, +33 3 83 85 30 01
- Accès en fauteuil roulant, Boutique, Parking, Accès train, Accès bus

Musée de l'Ecole de Nancy

- 36–38 rue du Sergent Blandan, +33 3 83 40 14 86
- Boutique, Parking, Accès bus

Muséum-Aquarium de Nancy

- 34 rue Sainte-Catherine, +33 3 83 32 99 97
- Accès en fauteuil roulant, Boutique, Accès bus

Villa Majorelle

- 1 rue Louis Majorelle, +33 3 83 85 30 01

ORSCHWILLER

Château du Haut-Koenigsbourg

- +33 3 69 33 25 00
- Boutique, Parking, Restaurant

PONT-À-MOUSSON

Musée Au fil du papier

- Hôtel de la Monnaie, 13 rue Magot de Rogéville, +33 3 83 87 80 14
- Accès en fauteuil roulant, Boutique

RIXHEIM

Musée du Papier Peint

- Adapté aux familles
- 28 rue Zuber (La Commanderie), +33 3 89 64 24 56
- Boutique, Parking, Accès train, Accès bus

RONCHAMP

Colline Notre-Dame du Haut

- Adapté aux familles
- 13 rue de la Chapelle, +33 3 84 20 65 13
- Accès en fauteuil roulant, Boutique, Parking, Restaurant

SAINT-AMARIN

Musée Serret

- Adapté aux familles
- 7 rue Clémenceau, +33 3 89 38 24 66
- Boutique, Parking, Accès bus

SAINTE-MARIE-AUX-MINES

Tellure

- Lieu-dit Tellure (direction Col des bagenelles, Sortie La Petite Liepvre), +33 3 89 49 98 30
- Accès en fauteuil roulant, Boutique, Parking, Restaurant

SARREGUEMINES

Moulin de la Blies

- 125 Avenue de la Blies, +33 3 87 98 28 87
- Accès en fauteuil roulant, Boutique, Parking, Restaurant, Accès train, Accès bus

Musée de la Faïence

- 17 rue Poincaré, +33 3 87 98 93 50
- Boutique, Parking, Accès train, Accès bus, Accès bateau

SAVERNE

Musée du Château des Rohan

- Place du Général de Gaulle, +33 3 88 71 63 95
- Accès en fauteuil roulant, Boutique, Parking, Accès train, Accès bus, Accès bateau

SCHIRMECK

Mémorial Alsace Moselle

- Chauffour, +33 3 88 47 45 50
- Accès en fauteuil roulant, Boutique, Parking, Accès train

SCY-CHAZELLES

Maison de Robert Schuman

- 8–12 rue Robert Schuman, +33 3 87 35 01 40
- Accès en fauteuil roulant, Boutique, Parking

SÉLESTAT

Bibliothèque Humaniste

- 1 place Dr Maurice Kubler, +33 3 88 58 07 20
- Accès en fauteuil roulant, Boutique

SOULTZ-HAUT-RHIN

Musée du Château du Bucheneck

- 1 rue Kageneck, +33 3 89 76 02 22
- Boutique, Parking

La Nef des Jouets

- 12 rue Jean Jaurès, +33 3 89 74 30 92
- Accès en fauteuil roulant, Boutique, Parking
- Adapté aux familles

STRASBOURG

Cabinet des Estampes et des Dessins

- Adapté aux familles
- 5 place du Château, +33 3 68 98 50 00
- Parking, Accès bus

Musée Zoologique de Strasbourg

- 29 boulevard de la Victoire, +33 3 68 98 50 00
- Accès en fauteuil roulant, Boutique, Parking, Accès bus
- Réouverture prévue en 2023

UNGERSHEIM

Ecomusée d’Alsace

- Adapté aux familles
- Chemin du Grosswald, +33 3 89 74 44 74
- Accès en fauteuil roulant, Boutique, Parking, Restaurant, Accès bus, Accès bateau

VERDUN

EPCC Mémorial de Verdun – Champ de bataille

- 1 avenue du Corps européen, +33 3 29 88 19 16

VIC-SUR-SEILLE

Musée départemental Georges de La Tour

- Place Jeanne d’Arc, +33 3 87 78 05 30
- Accès en fauteuil roulant, Boutique, Parking, Accès bus

WATTWILLER

Fondation François Schneider

- 27 rue de la Première Armée, +33 3 89 82 10 10
- Accès en fauteuil roulant, Boutique, Parking, Restaurant

WINTZENHEIM

CHÂTEAU DU HOHLANDSBOURG

- Adapté aux familles
- Route des Cinq Châteaux, +33 3 89 30 10 20
- Accès en fauteuil roulant, Boutique, Parking, Restaurant, Accès bus

Museums-PASS-Musées: Eine trinationale Erfolgsgeschichte!

345 Museen – 3 Länder – 1 Pass

„Wir sind“, so Gilles Meyer, Geschäftsführer des Vereins Museums-PASS-Musées, „wohl eine der wenigen Einrichtungen, die sehr schnell eine erfolgreiche Entwicklung von einem geförderten Interreg-Projekt zu einer finanziell sich selbst tragenden Organisation zurückgelegt haben.“

Im Dezember 1998 beschloss die Oberrheinkonferenz die Einführung eines grenzüberschreitenden Museumspasses, dazu wurden der damalige Verein „Oberrheinischer Museums-Pass“ gegründet und eine Projektstelle eingerichtet. Am 1. Juli 1999 wurde der erste Pass verkauft. Der Start mit ausgewählten 120 Museen brachte in den Anfängen den Verkauf von 7.500 Pässen mit sich. Zehn Jahre später verzeichneten 180 Museen bereits knapp 280.000 Eintritte. „2019“, so Gilles Meyer, „sind wir bei gut 50.000 Verkäufen pro Jahr angekommen, wenn auch aufgrund der sommerlichen Temperaturen 2018 ein kleiner Rückgang zu verzeichnen war.“ Käufer setzen den Pass im Schnitt zehn Mal ein, damit kommt es über den Museums-PASS-Musées zu 500.000 Museumsbesuchen im Jahr.

Die Zahl der Museen, Schlösser und Gärten, die mit dem Museums-PASS-Musées besucht werden können, ist auf beeindruckende 345 Einrichtungen angestiegen.

Die Gebietskulisse hat sich in den 20 Jahren ebenfalls beständig weiterentwickelt und brachte 2013 eine überfällige Namensänderung zum Verein „Museums-PASS-Musées“ mit sich. Auf französischer Seite gehören die gesamte

Region Lothringen, das Elsass und die Franche-Comté dazu, in Deutschland setzt man den Pass von Lörrach bis Worms und Mainz sowie auch im Stuttgarter Raum und bis nach Ulm ein und in der Schweiz beteiligen sich sechs Kantone (Basel-Stadt, Basel-Land, Aargau, Jura, Solothurn, Bern).

„Das größte Museum der Welt“ wurde mit dem Prix Bartholdi und dem „Cross Border Award – Sail of Papenburg“ der Arbeitsgemeinschaft Europäischer Grenzregionen AGEG ausgezeichnet.

Infolge der weltweiten Covid-19-Pandemie und der damit zusammenhängenden flächendeckenden Schließung der Museen im Einzugsbereich des Museums-PASS-Musées beschritt der Verein neue Wege und bot den Passbesitzerinnen und Passbesitzern die Möglichkeit, die Museen und ihre Ausstellungen virtuell zu besuchen. Der Erfolg dieser Veranstaltungen spricht für sich – die Online Events werden ein fester Bestandteil des Angebots bleiben.

Bei Rückfragen:
Geschäftsführer Gilles Meyer, Tel: + 49 76 21 16 13 634 / + 41 61 20 500 40, info@museumspass.com

Interviews mit Museumsdirektoren

Pantxika de Paepe
Musée Unterlinden, Colmar (FR)

> Wie stellen Sie sich die Zukunft des trinationalen kulturellen Austauschs vor und welche Rolle kann der Museums-PASS-Musées dabei spielen?

Der trinationale Austausch bietet ein reichhaltiges kulturelles Angebot. Die entwickelten Ideen werden dabei immer mit „drei" multipliziert und diese kulturelle Plattform spielt, bedingt durch diese Kooperation, eine kulturell wichtige Rolle im Herzen jedes einzelnen Landes. Dieser Austausch kann nur weiter wachsen.

Ihr Museum profitiert von seiner weltweiten Bekanntheit, die Ausstellungen ziehen bekanntlich Tausende von Besuchern an. Wie wichtig ist es dabei für Sie, dass das Museum in einer regionalen, trinationalen Kulturszene verankert ist und welche Rolle spielt dabei der Museums-PASS-Musées?

Das Unterlinden Museum ist verankert und verbunden mit der Region, aus der seine Sammlungen und die Exponate stammen. Mit seiner Organisationsform als Verein ist es in Frankreich ziemlich einzigartig. Die Rolle, die der Museums-PASS-Musées dabei spielt, ist die eines Wegbereiters, der unser Publikum leitet, ihm Botschaften übermittelt, es zu einem Besuch anregt sowie unterschiedliche Ideen zusammenkommen lässt.

Eckart Köhne
Badisches Landesmuseum, Karlsruhe (D)

Kulturförderung und Zugänglichkeit stellen ein wesentliches Ziel des Museums-PASS-Musées dar. Wie wichtig sind Ihnen diese Ziele und auf welche Weise fördern Sie sie in Ihrem Haus? Welchen Stellenwert hat für Sie dabei der Museums-PASS-Musées?

Der Eintrittspreis ist immer eine Barriere, und der Museums-PASS-Musées hilft den passionierten, regelmäßigen Museumsgängern, diese Kosten zu senken. Die Museen profitieren über Rückflüsse und erreichen zusätzliche Besucherinnen und Besucher, so dass man sicher von einer win-win-Situation sprechen kann.

Wie sehen Sie die Zukunft des triregionalen kulturellen Austauschs?

Europa muss weiter zusammenwachsen, und in Grenzgebieten wie unserer trinationalen Region ist dies besonders wichtig. Hier kann die Kultur eine Brücke sein, wie auch der Museums-PASS-Musées als grenzüberschreitendes Projekt.

Roland Wetzel
Museum Tinguely, Basel (CH)

Wenn Sie die Entwicklung der letzten 20 Jahre betrachten, wie würden Sie die Zusammenarbeit zwischen Ihrem Haus und dem Museums-PASS-Musées beschreiben?

Es sind Werte wie Verlässlichkeit, Transparenz und Professionalität, die wir als Basis einer partnerschaftlichen und zukunftsorientierten Zusammenarbeit mit dem Museums-PASS-Musées erleben und die sicher Teil des Erfolges sind.

Ihr Haus geniesst Weltruhm, Ihre Ausstellungen werden hundertausendfach besucht. Inwiefern ist es Ihnen wichtig, in die regionale Kulturszene im trinationalen Gebiet eingebettet zu sein und welche Rolle spielt dabei der Museums-PASS-Musées?

Ich denke, dass internationale Ausstrahlung ohne lokale Verankerung nicht nachhaltig ist. Insofern stellt der Museums-PASS-Musées eines der besten grenzüberschreitenden Netzwerke dar, das die nachbarschaftlichen Kontakte befördert.

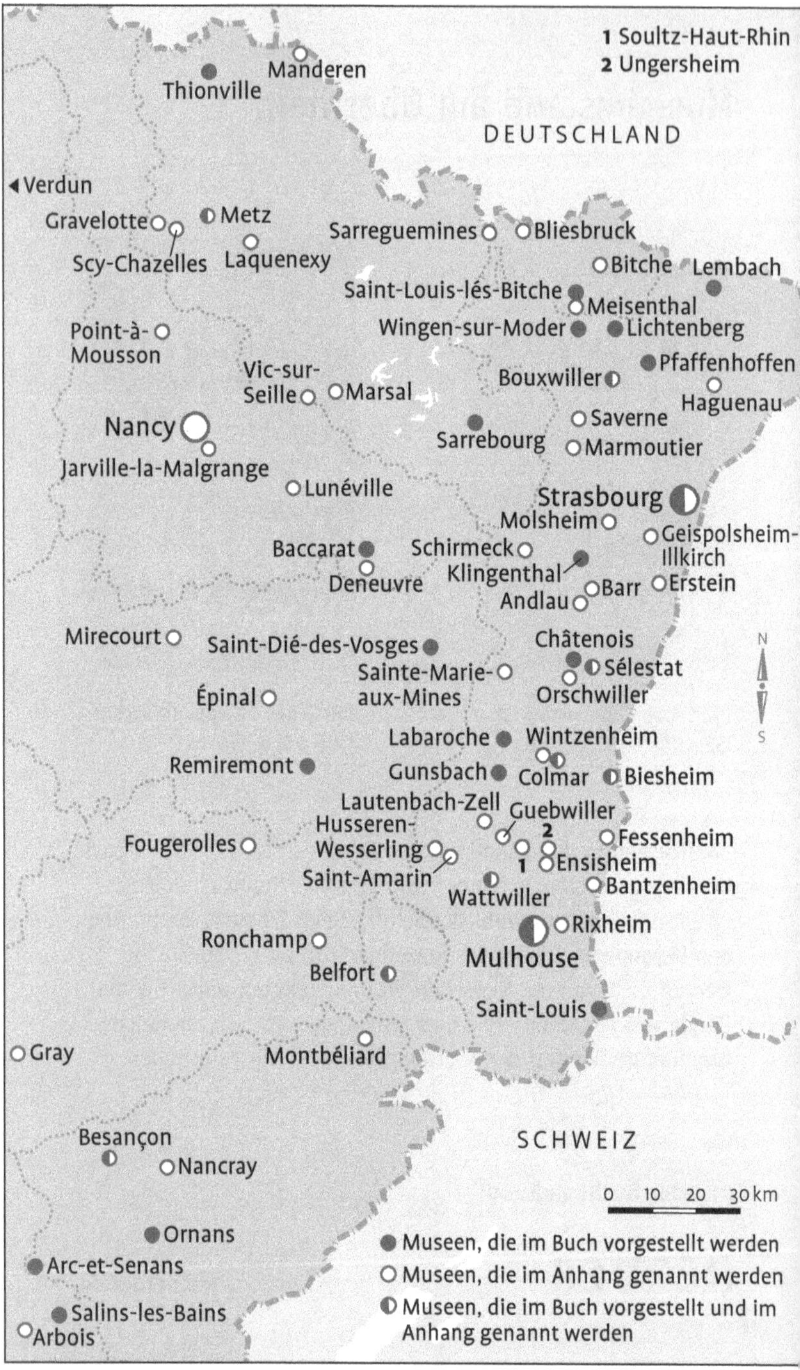
1 Soultz-Haut-Rhin
2 Ungersheim
DEUTSCHLAND
Thionville
Manderen
Verdun
Gravelotte
Metz
Scy-Chazelles
Laquenexy
Sarreguemines
Bliesbruck
Bitche
Lembach
Saint-Louis-lés-Bitche
Meisenthal
Wingen-sur-Moder
Lichtenberg
Pfaffenhoffen
Point-à-Mousson
Vic-sur-Seille
Marsal
Bouxwiller
Haguenau
Nancy
Jarville-la-Malgrange
Saverne
Sarrebourg
Marmoutier
Lunéville
Strasbourg
Molsheim
Geispolsheim-Illkirch
Baccarat
Schirmeck
Klingenthal
Deneuvre
Barr
Erstein
Andlau
Mirecourt
Saint-Dié-des-Vosges
Châtenois
Sélestat
Sainte-Marie-aux-Mines
Orschwiller
Épinal
Labaroche
Wintzenheim
Remiremont
Gunsbach
Colmar
Biesheim
Lautenbach-Zell
Guebwiller
Husseren-Wesserling
Fessenheim
Fougerolles
Ensisheim
Saint-Amarin
Wattwiller
Bantzenheim
Rixheim
Ronchamp
Mulhouse
Belfort
Saint-Louis
Gray
Montbéliard
N
S
SCHWEIZ
Besançon
Nancray
0 10 20 30 km
Ornans
Arc-et-Senans
Salins-les-Bains
Arbois
Museen, die im Buch vorgestellt werden
Museen, die im Anhang genannt werden
Museen, die im Buch vorgestellt und im Anhang genannt werden